MEISTERWERKE DER
SPÄTGOTIK

Pfarrer Roland Schweizer
in dankbarer, herzlicher Verbundenheit
gewidmet.

Konzeption und Herausgeber
Wolfgang Urban
Diözesanmuseum Rottenburg

Autoren
Wolfgang Urban
Melanie Prange

Gestaltung
Lioba Geggerle, www.logolio.de

Fotografie
Wolf-Dieter Gericke

Gesamtherstellung
Süddeutsche Verlagsgesellschaft mbH Ulm

© Süddeutsche Verlagsgesellschaft im Jan Thorbecke Verlag 2010
ISBN 978-3-7995-0889-6

Alle Rechte vorbehalten.

Ohne ausdrückliche Genehmigung des Verlags ist es nicht gestattet,
das Buch oder Teile daraus auf fotomechanischem Weg (Fotokopie,
Mikrokopie, usw.) zu vervielfältigen oder in elektronische Systeme
einzuspeichern, zu verarbeiten oder zu verbreiten.

Die Sammlung Roland Schweizer
des Diözesanmuseums Rottenburg

MEISTERWERKE DER
SPÄTGOTIK

Bildwerk und Bedeutung

Wolfgang Urban
Beiträge von Melanie Prange

 Süddeutsche Verlagsgesellschaft
im Jan Thorbecke Verlag

INHALT

Zum Geleit
Vorwort

GEBURT CHRISTI	10
CHRISTUS AM ÖLBERG	18
ENTSCHLAFUNG MARIENS	24
MADONNA MIT KIND	30
STRASSBURGER FRARI-MEISTER	33
MICHEL ERHART	38
SCHMERZENSMANN	40
HEILIGER MÖNCH	48
JÖRG STEIN	53
HEILIGE KATHARINA VON ALEXANDRIEN	54
HEILIGE BARBARA	58
THRONENDE MUTTER GOTTES	64
MEISTER DES NÜRNBERGER ROSENKRANZRAHMENS	66
HEILIGE JUNGFRAU	68
HANS THOMAN	70
MEISTER VON MAUER	73
LEUCHTERENGEL	74
LAUBKONSOLE	77
MICHAEL ZEYNSLER	80
ANNA SELBDRITT	82
JÖRG LEDERER	87
CHRISTUS AUF DEM PALMESEL	88
ENGEL	92
DANIEL MAUCH	96
PETER FLÖTNER	97
HEILIGER SEBASTIAN	98
KRUZIFIXUS	104

Literatur

ZUM GELEIT

Historische Kunstwerke sind Fenster, sind „Spiegel" der Vergangenheit, um ein Bild der amerikanischen Historikerin Barbara Tuchman aufzugreifen. Werke der bildenden Kunst bringen als Erinnerungsträger Denken und Fühlen, Glauben, Hoffen und Lieben der Menschen früherer Zeiten zu Gesicht, vergegenwärtigen sie und machen damit ihre Welt uns gegenwärtig. So ist es den Kunstwerken zutiefst eigen, nicht zu veralten, sondern wahrgenommen zu werden und dadurch in der jeweiligen Zeit mitzureden und in diese hinein zu sprechen. Wie sprechend ein Kunstwerk zu sein vermag, erfährt unmittelbar jede Betrachterin und jeder Betrachter, wenn sie sich dem Christus als Schmerzensmann des Ulmer Meisters Michel Erhart (um 1440/45–1522) gegenüber sehen oder die Tiefe der Schönheit der in Stuck ausgeführten Madonna mit Kind des „Straßburger Frari-Meisters von 1468" aus der Zeit um 1470/80 erleben.

All diese Werke gehören zu einer erlesenen Sammlung, die Pfarrer Roland Schweizer, Priester der Diözese Rottenburg-Stuttgart, über Jahrzehnte aufgebaut und jetzt der Diözese Rottenburg-Stuttgart und ihrem Diözesanmuseum geschenkt hat. Insgesamt sind es 17 Werke des Skulpturschaffens Süddeutschlands von der Mitte des 15. bis ins erste Drittel des 16. Jahrhunderts. Zu den Stücken zählen Schlüsselwerke für das Oeuvre eines einzelnen Meisters wie das schon genannte Werk von Michel Erhart oder ein Christus auf dem Palmesel des Allgäuer, bis nach Südtirol hineinwirkenden Jörg Lederer (um 1470–1550). Sie sind herausragende Beispiele für die Kultur- und Kunstgeschichte im Allgemeinen und für die Frömmigkeitsgeschichte im Besonderen.

Der hier vorgelegte Band greift in der Darstellung der einzelnen Werke über das rein Kunsthistorische hinaus, er erschließt die Bildsprache der behandelten Werke und stellt sie damit hinein in den Horizont von Theologie und Frömmigkeit, aus dem sie erwachsen sind. Hierbei tritt als immer Vergegenwärtigtes und Gegenwärtiges das Humanum zu Tage, das sich in seiner vollen Erfahrung gerade in der Spannung zwischen Immanenz und Transzendenz, der Spannung zwischen Gott und Mensch erfährt, wie sie in den Werken der Kunst ausgetragen wird.

Mein großer, herzlicher Dank gilt Pfarrer Roland Schweizer, der uns diese Quellen und Zeugnisse des christlichen Glaubens und seiner Kreativität übereignet und damit den Beständen der Kunst der Diözese Rottenburg-Stuttgart eine hohe qualitative Mehrung verschafft hat, die auf andere Weise gar nicht möglich gewesen wäre. Es ist auch ein unschätzbarer Dienst für die Pastoral, den Pfarrer Roland Schweizer, der trotz schwerer gesundheitlicher Belastung bis ins hohe Alter seelsorgerlich gewirkt hat, damit erbracht hat und erbringt; denn diese Werke, die zwar dem ausgehenden Mittelalter angehören, sie sind nicht „alt" und sie können und werden nie veralten. Sie bewahren in sich und durch sich die Tiefe und Größe der christlichen Botschaft für alle, die sich auf sie einlassen und in Zukunft einlassen, halten mit dem ihnen eigenen langen Atem Geschichte und Glauben für unsere Zeit gegenwärtig und lebendig.

+ Gebhard Fürst

Bischof Dr. Gebhard Fürst

VORWORT

„Der Herbst des Mittelalters", wie der große niederländische Kulturhistoriker Johan Huizinga (1872–1945) die im 15. Jahrhundert ausklingende tausendjährige Epoche bildlich fasste, ist eine religiös tief bewegte, von gärender Suche bestimmte Zeit voller Kreativität und Schaffenskraft. In ständig neuen Ansätzen wird nicht nur in der Malerei das Bild von Mensch und Natur neu entworfen und gesehen, in gleicher Weise beginnt und versucht das Skulpturschaffen die Gestalt des Menschen unermüdlich von Neuem zu ertasten und plastisch zu fassen. Nachdem der Schreinaltar seinen großen Aufschwung im Laufe des 15. Jahrhunderts genommen hat, ist das Spätmittelalter, wie der bedeutende amerikanische Kunsthistoriker Michael Baxandall konstatierte, „die Zeit der Bildschnitzer". In ihrer Kunst, nicht zuletzt in den Werken der in Ober- und Süddeutschland tätigen Meister ereignet sich das wahrhaft „Spektakuläre" der Zeit, gewinnt gleich der Malerei die Ära des ausgehenden Mittelalters und der beginnenden Neuzeit Gestalt.

Wer genau hinsieht, spürt in den Schöpfungen des Ulmer Meisters Hans Multscher (um 1400–1467) oder seiner Schüler wie Jörg Stein (fl. 1453–1491), erfährt in den Plastiken von Michel Erhart (um 1440/45–1522), den Werken des großartigen, von Veit Stoß (1447/48–1533) inspirierten „Meisters von Mauer" das gewissermaßen von innen her rührende Leuchten, sieht im verklärenden, herbstlich glühenden Gewand ihrer Bildwerke freilich auch schon die Zeichen des Aufbruchs, die Anzeichen der Schwangerschaft und der Geburt eines Neuen. Nicht zuletzt zeigt sich im Skulpturschaffen des ehemals an gewaltigen Schnitzaltären so reichen ober- und süddeutschen Raums der Austragungs- und Erscheinungsort der aufschlussreichen Spannungen zwischen Tradition und Innovation, zwischen Kontinuität und Umbruch.

In dieser Hinsicht sind die von Pfarrer Roland Schweizer mit großer Umsicht und Einsicht gesammelten Meisterwerke zugleich Forum und „Schau-Platz" für das Verständnis von Menschenbild, Weltsicht und Glaube jener Schwellenzeit am Ausgang des Mittelalters zur Neuzeit. Seine sowohl in ihren einzelnen Stücken wie auch als geschlossenes Ganzes großartige Sammlung, welche Hauptzentren und Hauptmeister des Kunstschaffens von Ulm, Nürnberg, Memmingen, Kaufbeuren oder des Oberrheins berührt, fügt sich aufs Beste ein in den bereits bestehenden Bestand des Diözesanmuseums Rottenburg, vervollständigt und erhöht insgesamt dessen kultur- und kunstgeschichtliche Bedeutung und Rang.

Die Sammlung von Pfarrer Roland Schweizer hat in den vergangenen Jahrzehnten mehrfach schon ihre kunsthistorisch verdiente Beachtung gefunden. Von 1995 bis 2010 war sie mit der Mehrzahl der Objekte im Dominikanermuseum Rottweil als Dauerleihgabe ausgestellt. Einzelne Skulpturen bereicherten die großen Landesausstellungen zu Hans Multscher in Ulm 1997 oder zu Michel Erhart und Jörg Syrlin d. Ä., ebenfalls in Ulm 2002. Zuletzt wurde der „Schmerzensmann" von Michel Erhart dieser Sammlung als Leihgabe bei der Bayerischen Landesausstellung „Bayern – Italien" einem in die Hunderttausende gehenden Publikum zugänglich gemacht. Im Jahre 1995 erschien bereits ein den größten Teil der Werke erfassender Katalog.

Nachdem die Sammlung Roland Schweizer 2008 in den Kunstbesitz des Bistums Rottenburg-Stuttgart eingegangen ist, wird sie nun erstmalig vollständig mit allen Objekten in der Ausstellung „Meisterwerke der Spätgotik" vom 12. Dezember 2010 bis 8. Mai 2011 zugänglich gemacht. Die zu diesem Anlass erscheinende, hier vorgelegte Publikation will ihrem Untertitel entsprechend einen

Wegweiser bieten zum Bildwerk und seiner Bedeutung. Insofern verfolgt sie verstärkt und gezielt die Intention der Erschließung der einzelnen Kunstwerke im Kontext ihres theologischen und frömmigkeitsgeschichtlichen Hintergrunds, will die Publikation über den temporären Anlass hinaus beispielhaft einen Zugang zum Verständnis mittelalterlicher Kunstwerke eröffnen.

Dabei konnten sich die Erörterungen dieses Buches auf die schon von Dr. Heribert Meurer, ehemals Hauptkonservator des Landesmuseums Württemberg, und Dr. Karl Halbauer im Katalog „Himmlische Botschaften" von 1995 erarbeiteten kunsthistorischen Analysen und Bestimmungen stützen. Ebenso boten die von Hans Westhoff, dem ehemaligen Leiter der Restaurierungswerkstatt des Landesmuseums Württemberg, erstellten umfangreichen technologischen und restauratorischen Untersuchungen und Befunde die Grundlage für die hier vorgenommenen, gekürzt und geringfügig ergänzten Zustandsbeschreibungen. Für die Alabasterarbeiten in ihrem materiellen Bestand wurde die gründliche Studie von Dipl. Restauratorin Annette Kollmann von 1995 herangezogen.

Mit sechs der insgesamt 17 Objekte hat sich Frau Dr. phil. des. Melanie Prange befasst. Ihre Beiträge sind mit den Namensinitialen M. P. gekennzeichnet.

Herzlicher Dank gilt Herrn Wolf-Dieter Gericke, Waiblingen, für die kunstvollen fotografischen Aufnahmen, ebenso herzlichen Dank gilt Frau Lioba Geggerle, Neu-Ulm, für ihr Engagement und das künstlerisch-graphisch fein durchdachte Layout. Für den verlegerischen Einsatz ist Herrn Udo Vogt und Frau Gudrun von Wasielewski von der Süddeutschen Verlagsgesellschaft Ulm zu danken.

Keine Darstellung, keine Untersuchung eines Kunstwerkes kann je erschöpfend sein, ist doch das Kunstwerk von seinem Wesen her unerschöpflich. Es sind die Kunstwerke selbst, die damit allen ihnen gewidmeten Untersuchungen Grenzen setzen. Um deren Unzulänglichkeit und Unvollständigkeit wissend, gehen diese Texte an die Öffentlichkeit. Sollten sie aber hinführen zu einer tieferen Sicht der Kunst des Mittelalters überhaupt, zu einem besseren Verständnis von dessen Mentalität und religiöser Lebenskultur, sollten sie Anstoß und Anleitung zu eigenen Entdeckungen werden, hätten sie ihre Intention erfüllt, ihr Ziel erreicht.

Wolfgang Urban
Diözesankonservator

GEBURT CHRISTI

Württembergisch Franken, um 1450
Alabaster, Relief, überfasst
H 16,5 _ B 17,8 _ T 6,5 cm

Zustand

Die Gesamterscheinung kaum störend, sind Teile der oberen Kante der rückwärtigen Wand unregelmäßig abgebrochen, ebenso zeigt die vordere linke Ecke eine Bruchstelle. In der Mitte ist durch die den Hintergrund bildende Rückwand eine runde Bohrung angebracht, die offensichtlich als Maßnahme zu einer früher vorgenommenen Befestigung des Reliefs an einer Wand oder einem anderen Träger diente. Abreibungen und Abnutzungen weisen Haartracht und Gesichter der Relieffiguren auf.

Unter der heute sichtbaren, vor allem an den tiefer gelegenen Bereichen der Kleidung und deren Falten erhaltenen Fassung sind zwei weitere nachweisbar: eine ältere Überfassung und die ursprüngliche. Die Originalfassung überdeckte bis auf die Inkarnate und die Kapuze des Josef das gesamte Relief. Das Gewand Mariens war ursprünglich azuritblau mit goldenem Saum, die Kleidung Josefs hellrot und gleichfalls goldgerandet. Die eine Grasfläche imitierende Erdzone war grün, der Hintergrund der Landschaft in Grau, Grün und Blau gehalten.

Diese um 1450 entstandene Darstellung der Geburt Christi bringt als noch recht frühes Beispiel eindrucksvoll den Wandel und die Neuerungen zu Gesicht, welche das Weihnachtsbild im Laufe des 15. Jahrhunderts erfahren hat. Es zeugt von der zu dieser Zeit einsetzenden neuen theologischen Durchformung und Deutung des überkommenen Bildes der Geburt Christi. Das Jesuskind erscheint nun im Kontrast zur traditionellen Sicht völlig nackt und nicht wie bisher in Windeln gewickelt und in einer Krippe liegend, was umso beachtenswerter ist, da gerade das gewickelte, also das nicht nackte Kind, das in einer Krippe liegt, den Hirten als das Zeichen der Bewahrheitung der Botschaft und Verkündigung des Engels gegeben wird. So heißt es im maßgeblichen Geburtsbericht des Evangelisten Lukas: „Und das soll euch als Zeichen dienen: Ihr werdet ein Kind finden, das, in Windeln gewickelt, in einer Krippe liegt" (Lk 2,12).

Maria, die Mutter Jesu, ruht nicht mehr, wie noch im 14. Jahrhundert und in späteren Zeugnissen der orthodoxen Ikonenmalerei gezeigt, auf dem Wochenbett, wofür noch die Geburt-Christi-Szenen der Tympana der Frauenkirche in Esslingen oder des Ulmer Münsters Beispiele liefern, sondern kniet mit zum Gebet gefalteten Händen neben dem neugeborenen Sohn Gottes.

Außerdem fehlen in diesem Alabasterrelief die traditionell bedeutsamen Gestalten von Ochs und Esel. Da Ochs und Esel im Bildgehalt des überkommenen Geburt-Christi-Bildes eine zentrale theologische Bedeutung zukam, zeugt ihr Verschwinden aus der hier gegebenen Szenerie des Stalls von Betlehem von der nun vorgenommenen besonderen Akzentuierung. Die in der christlichen Bildwelt seit der Spätantike vertraute, ja obligatorische Gegenwart von Ochs und Esel bei der Thematisierung der Geburt Jesu Christi stützt sich allein auf eine typologische, theologische Interpretation des Ereignisses und nicht auf die Textinhalte der Geburt Christi bei den Evangelisten Matthäus und Lukas.

„Typologisch" wird ein über mehr als anderthalb Jahrtausende gepflegter Ansatz in der Exegese der Heiligen Schrift genannt, wenn sie von einer inneren Bezogenheit des Alten und des Neuen Testaments ausgeht. Sie erkennt im Alten Testament die Ankündigung, die Vorprägung, den „Typus" dessen, was sich im Neuen Testament erfüllt. Ochs und Esel erhielten und behielten ihren Platz an der Krippe Christi durch sprachliche Beziehungen, die der Theologe Origenes (185–253/54) feststellte. Origenes konstatierte, dass das griechische Wort φάτνη (phatne) für Krippe, Futtertrog genau zweimal in der Bibel, in der griechischen, „Septuaginta" genannten Übersetzung des Alten Testaments und im Neuen Testament, vorkommt. Im Alten Testament steht es gleich in den ersten Sätzen des Propheten Jesaja, des großen Künders des künftigen Messias. Die Jesaja-Stelle lautet: „Der Ochse kennt seinen Besitzer und der Esel die Krippe seines Herrn" (Jes 1,3). In der Deutung des Origenes versinnbildlichen nun der Esel, mit seinem nach jüdischem Verständnis nicht-koscheren, unreinen und damit nicht zum Verzehr freigegebenen Fleisch die Nichtjuden, der Ochse als Rind hingegen die Juden. Juden und Nichtjuden jedoch umfassen die gesamte Menschheit. Daher verkörpern Ochs und Esel die Zielgruppe der Menschwerdung Christi.

Diese zentrale, symbolische Bedeutung der beiden Tiergestalten schlug sich in der Bildwelt der Vergangenheit eindrucksvoll nieder, so konnten bei Darstellungen der Geburt Christi die Hirten fehlen, konnte Jesus, konnte sogar Maria fehlen, niemals aber Ochs und Esel. So zeigen, um nur wenige Beispiele anzuführen schon spätantike Sarkophagreliefs das gewickelte Jesuskind mit Ochs und Esel, finden wir im romanischen Bildzyklus an der Decke der Martinskirche von Zillis in Graubünden nur das gewickelte Jesuskind mit Ochs und Esel. In geradezu emblematischer Kürze und Knappheit wurde im gewickelten Jesuskind mit Ochs und Esel als begleitenden Figuren der Glaubenssatz des Großen Glaubensbekenntnisses, des Symbol Constantinopolitanum von 381 zum Grund der Menschwerdung des Gottessohnes, dass er „für uns Menschen und zu unserm Heil vom Himmel gekommen ist, Fleisch angenommen hat durch den Heiligen Geist von der Jungfrau Maria und ist Mensch geworden"[1] veranschaulicht.

Der neue und andere Aspekt, der nun in diesem Alabasterrelief zu Gesicht gebracht wird, ist der von Christus als dem Neuen Adam[2] und Maria als der Neuen Eva. Theologiegeschichtlich erhielt die schon in der Frühzeit der Patristik von Lehrern wie Justin dem Märtyrer († um 165) oder Tertullian († nach 220) einsetzende[3], im Hochmittelater weiter geführte Sicht von Maria als Neuer Eva[4] im Spätmittelalter einen neuen Impuls durch die Lehre von der „Unbefleckten Empfängnis". Einer der großen Theologen des Franziskanerordens, Johannes Duns Scotus (um 1266–1308), hat diese Lehre in den für das ausgehende Mittelalter maßgeblichen Inhalten vorgetragen. Die „Unbefleckte Empfängnis" oder „immaculata conceptio" meint die Erbsündelosigkeit der Jungfrau und Gottesmutter Maria. Nach allgemeiner, seit der Patristik vertretenen Auffassung geht die Erbsünde, das „peccatum originale", zwangsläufig und unmittelbar schon mit der Zeugung und Empfängnis im Mutterleib auf den Menschen über.

Maria stellt schon insofern die Ausnahme dar, dass ihre Zeugung nicht die sonst gegebene Übertragung und Weitergabe der Erbsünde des Urelternpaares Adam und Eva zur Folge hatte. Wenn Maria aber frei von der Erbsünde ist, braucht sie auch nicht die Last der Erbsünde zu tragen, „unter Schmerzen" gebären zu müssen (Gn 3,16), wird das Wochenbett sinnlos. Ihre Freiheit von der Erbsünde bestimmt Maria als die Neue Eva. Von Jesus als dem Neuen Adam ist schon bei Paulus die Rede. Als Neuer Adam im Bezug zu Maria als Neuer Eva wird das Jesuskind nun nackt gezeigt.

Ikonographisch, d. h. die Bildwelt und deren Motive und Inhalte bestimmend und festlegend, wirkten höchst einflussreich die zwischen 1340 und 1373 entstandenen „Offenbarungen" (Revelationes) der hl. Birgitta von Schweden (1303–1373). In mystischen Begegnungen und Visionen mit Maria erfährt die große Seherin des Nordens aus der Sicht und Erfahrung der Gottesmutter das Leben Jesu und darf teilhaben an dessen Geschehnissen. Die „Offenbarungen" Birgittas verleihen dem Gedanken der „Unbefleckten Empfängnis" eine literarische

GEBURT CHRISTI

Form, machen erzählend die Erbsündelosigkeit Mariens anschaulich, wenn die von Birgitta visionär erlebte Gottesmutter Maria von ihrer Niederkunft als Erhebung und der Geburt Christi als einem Vorgang spricht, der sich in einem Nu, in einem „Augenblick" (ictu oculi), also ohne Austreibungsphase, ohne Wehen ereignete, und die schmerzlose Geburt nun Maria als die von der Last der Erbsünde befreite Neue Eva erscheinen lässt.

Nach den „Offenbarungen" der hl. Birgitta habe Maria, als sie ihre Stunde nahen spürte, ihre Schuhe und den weißen Mantel abgelegt, „den Schleier von ihrem Haupt genommen und bei sich niedergelegt, und verblieb nur von einer Tunika bekleidet. Das wunderschöne Haar aber floss sich ausbreitend wie goldenes Blattwerk".[5] Nach diesen Vorbereitungen „habe die Jungfrau, zum Gebet ansetzend, sich dann mit großer Ehrfurcht mit dem Rücken zur Krippe niedergekniet und dabei das Gesicht in Richtung Sonnenaufgang zum Himmel erhoben… Und so im Gebet stehend", beschreibt Birgitta das Geschaute, „sah ich dann den in ihrem Mutterleib Liegenden sich bewegen, und auf der Stelle, in einem einzigen Moment und Augenblick hat sie den Sohn geboren, von dem ein so unaussprechliches Licht und ein solcher Glanz ausging, dass die Sonne damit nicht verglichen werden kann… Und so plötzlich und augenblicklich war jene Weise des Gebärens, dass ich weder bemerken noch erkennen konnte, auf welche Art oder über welchen Körperteil die Geburt vonstatten ging. Doch sofort sah ich das herrliche Kind in gleißendes Licht gehüllt nackt auf der Erde liegen. Sein Leib war in allem vollkommen rein ohne jeden Schmutz und Verunreinigung… Unmittelbar danach hat sich der Leib der Jungfrau, der vor der Geburt hochgewölbt war, zurückgebildet und bot ein erlesenes Aussehen von wunderbarer Schönheit. Da also die Jungfrau fühlte, dass sie schon geboren hatte, neigte sie sogleich das Haupt, faltete die Hände und mit großer Ehrfurcht und Andacht betete sie das Kind an und sprach: ‚Auf welch gute Weise du auf die Welt gekommen bist, mein Gott, mein Herr und mein Sohn!'"[6]

Die ausführlich von Birgitta von Schweden geschilderte schmerzlose Geburt Christi wird in deren „Offenbarungen" schon im ersten Buch angezeigt. Bei der Verkündigung des Erzengels Gabriel, dass sie zur Mutter Gottes erwählt worden sei (vgl. Lk 1,29–36), worauf sie voll Liebe zur Antwort gab, „hier bin ich, dein Wille geschehe an mir"[7], habe sie sofort den Sohn des Höchsten empfangen. Die „Offenbarungen" führen aus: „Auf dieses Wort hin wurde mein Sohn auf der Stelle mit unsagbarem Jubel meiner Seele und aller meiner Glieder in meinem Mutterleib empfangen. Und als ich ihn im Mutterleib hatte, trug ich ihn ohne Schmerz, ohne schwere Umstände und Anstößigkeit des Leibes… Als ich ihn aber gebar, habe ich ihn, wie ich ihn auch empfangen habe, ohne Schmerz und Sünde mit solcher Freude der Seele und des Leibes zur Welt gebracht, dass meine Füße vor Erhebung nicht mehr die Erde fühlten, auf der sie standen. Und wie er mit einer die ganze Seele erfüllenden Freude in all meine Glieder eingetreten ist, so ist er, während die Seele in unaussprechlicher Freude frohlockte, unter dem Wohlgefühl aller Körperglieder ohne Verletzung meiner Jungfräulichkeit aus mir hervorgegangen."[8]

In diesem Kontext steht das vorliegende Alabasterrelief, in dem alle wesentlichen Elemente der Birgitten-Vision von der Geburt Christi ihre Resonanz finden. Maria kniet, nur mit einer blauen Tunika bekleidet, mit offenem, frei fallendem Haar und mit zur Anbetung gefalteten Händen neben dem nackten auf dem Boden liegenden Jesuskind. Nur ein Teil des Kleides Mariens und ein Stück des Gewandes des Josef bilden für das nackte Neugeborene eine Unterlage.

Die körperliche Nacktheit des Kindes und der nackte Erdboden sind zugleich Ausdruck der „Kenosis", der freiwilligen Entäußerung und Erniedrigung, die Christus als Sohn des Höchsten, der dem Philipperbrief zufolge mit Gott „gleich war", durch seine Menschwerdung auf sich genommen hat: „... er entäußerte sich und wurde wie ein Sklave und den Menschen gleich ... er erniedrigte sich und war gehorsam bis zum Tod, bis zum Tod am Kreuz" (Phil 2,6–11).

Das neugeborene Kind hält zwei Früchte in den Händen. In der Rechten, dem zu Maria gerichteten Arm und seiner Hand, hält es, offensichtlich, von der runden Form her zu schließen, einen Apfel. Es ist die Frucht vom „Baum des Lebens", zu dem der Weg durch den Sündenfall, nachdem Eva und Adam vom „Baum der Erkenntnis" gegessen hatten, versperrt wurde, dass der Mensch, wie es im Buch Genesis heißt, „nicht die Hand ausstreckt, auch vom Baum des Lebens nimmt, davon isst und ewig lebt" (Gn 3,22). „Den Weg zum Baum des Lebens" am Eingang des Gartens Eden bewachen „die Kerubim und das lodernde Flammenschwert" (Gn 3,24) Mit dem Apfelmotiv erhält der Gedanke vom Neuen Adam und der Neuen Eva eine weitere Ausdeutung. So wie die Alte Eva dem Alten Adam den Apfel vom Baum der Erkenntnis gab, der den Tod brachte, bringt und reicht nun der Neue, aus dem Paradies kommende Adam, lautet der Hiatus oder die Umkehrung, der Neuen Eva die Frucht vom Baum des Lebens, mit der ewiges Leben geschenkt wird.[9]

Die mit der linken Hand umfasste Frucht ist, wie an der Beerenstruktur abzulesen, eine Traube. Die Weintraube als eucharistisches Symbol, bezogen auf das Letzte Abendmahl Christi und die Verwandlung des Weines in das Blut Christi, greift im Zeichen vor auf die Passion Christi, sein Blutvergießen am Kreuz und das im Sakrament der Eucharistie in der Heiligen Messe vollzogene unblutige Opfer Christi. Der linke Arm und die linke Hand mit ihrer Frucht, die beide auf dem Gewand des Josef liegen, schlagen sowohl formal-kompositorisch wie theologisch-inhaltlich eine Brücke zur Josefsfigur, verweisen mit der Frucht des Weinstocks auf das „propter nostram salutem", auf die Menschwerdung des Gottessohnes um unseres Heiles willen.[10]

Josef erscheint durch sein Tun, das zugleich die Lebensform und Lebenshaltung der „vita activa" veranschaulicht, abgesetzt von der hier statthabenden besonderen Mutter-Kind-Beziehung, der Beziehung von Neuem Adam und Neuer Eva, die sich seitens Mariens als Adoratio, als Anbetung und spirituelle Kontemplation, als Form der „vita contemplativa" zu erkennen gibt. Der Nährvater Jesu ist ganz vertieft in die Zubereitung einer Speise. Ein Schüsselchen in Händen und einen Löffel oder einen Mörser um Körner für einen Brei zu zerstoßen und zu verkleinern, gibt seine Anwesenheit und sein Tun der Darstellung den Aspekt der „Heiligen Familie". Die „Kindlbreiszene", wie sie im bayerisch-tirolisch-österreichischen Raum auch genannt wird, hat ihren Ursprung im Nordwesten des deutschen Kulturraums im ausgehenden 14. Jahrhundert und nimmt von dort ihre Verbreitung. Bis zu Anfang des 16. Jahrhunderts kann sie im Weihnachtsbild verfolgt werden.[11] In der Tafelmalerei wird Josef häufig am Rand oder im Hintergrund der Geburts- und Anbetungsszene des Kindes auch über einem kleinen Herdfeuer mit einem Pfännchen oder Töpfchen hantierend gezeigt. Die neue Rolle Josefs steht möglicherweise im Zusammenhang mit einer im 14. Jahrhundert intensiver einsetzenden, mit besonderem Reliquienkult verbundenen Josefsverehrung.¹²

Die „Kindlbreiszene" besitzt außerdem Anknüpfungspunkte in den Weihnachtsspielen des späten Mittelalters.¹³ Über alle frömmigkeitsgeschichtlichen und theologischen Tiefen hinweg verleiht die „Kindlbreiszene" der in diesem Alabasterrelief gebotenen Darstellung der Geburt Christi eine Atmosphäre familiärer Initimität, gibt sie dem großen Thema, ohne dessen hohen Anspruch aufzuheben, eine volksnahe und volkstümliche Vertrautheit.

Literatur:
Kollmann 1995, Nr. 21, 178–181. – Ausst. Kat. Rottweil 1995, 7–8.

[1] Denzinger-Schönmetzer 150: „…propter nos homines et propter nostram salutem descendit de coelis et incarnatus est de Spiritu sancto ex Maria virgine"

[2] Von Christus als dem „Letzten Adam" und damit dem neuen Adam – die Vulgata übersetzt: „novissimus Adam" – spricht schon Paulus in 1 Kor 15,45.

[3] Vgl. Guldan 1966, 15 und 26ff.

[4] Eine Schlüsselrolle kommt nach Guldan 1996, 13ff. dem Hildesheimer Kunstkreis mit Bischof Bernward (um 960–1022) zu.

[5] Übersetzung W.U. – Vgl. Revelationes sanctae Birgittae VII,21,4 (ed. Bergh 187, 14–188,17): „Virgo igitur illa tunc discalciavit calciamenta pedorum suorum et discooperuit mantellum album, quo cooperiabatur, amovitque velum de capite sua et iuxta se reposuit ea, remanens in sola tunica, capillis pulcherrimis quasi de auro extentis super spatulas."

[6] Übersetzung W.U. – Revelationes sanctae Birgittae VII,21,6–14 (ed. Bergh 188,22–189,43): „Cumque hec omnia sic parata essent, tunc virgo genuflexa est cum magna reverencia, ponens se ad oracionem, et dorsum versus presepe tenebat, faciem vero ad celum levatam versus orientem… Et sic ea in oracione stante vidi tunc ego movere iacentem in utero eius, et illico in momemto et ictu oculi peperit filium, a quo tanta lux ineffabilis et splendor exibat, quod sol non esset ei comparabilis… Et iam subitus et momentaneus erat ille modus pariendi, quod ego non poteram advertere et discernere, quomodo vel in quo membro pariebat. Verumtamen statim vidi illum gloriosum infantem iacentem in terra nudum nitidissimum. Cuius carnes mundissime erant ab omni sorde et immundicia…. Et statim venter virginis, qui ante partum tumidissimus erat, retraxit se et videbatur tunc corpus eius mirabilis pulchritudinis et delicatum. Cum igitur virgo sensit se iam peperisse, statim inclinato capite et iunctis manibus cum magna honestate et reverentia adoravit puerum et dixit illi: ‚Bene veneris, Deus meus, Dominus meus et filius meus!'"

[7] Vgl. Lk 1,29–37. – Revelationes sanctae Birgittae I,10,11 (ed. Undhagen, 265,56–58): „Quo verbo angelo audito, ferventissimum affectum habui esse mater dei, et loquebatur anima mea pre amore: ‚Ecce ego, fiat voluntas tua in me!'"

[8] Übersetzung W.U. – Revelationes sanctae Birgittae I,10,11–12 (ed. Undhagen, 265,56–64): „Ad quod verbum illico concipiebatur filius meus in utero meo cum ineffabili exultatione anime mee et omnium membrorum. Cumque haberem in utero, portabam sine dolore, sine gravitudine et tedio ventris… Quandoque vero peperi eum, sine dolore et peccato peperi eum, sicut et concepi, cum tanta anime et corporis exultacione, quod pedes mei pre exultacione non senciebant terram, ubi stabant. Et sicut in omnia membra mea cum gaudio tocius anime mee intravit, sic cum gaudio omnium membrorum exultante anima ineffabili gaudio sine lesione virginitatis mee exivit."

[9] Dass der Genuss der Frucht vom „Baum der Erkenntnis" das Verhängnis des Todes über den Menschen gebracht hat, dies besagt das Urteil Gottes nach dem Sündenfall über Adam: „…denn Staub bist du, zum Staub musst du zurück" (Gn 3,19). – Vgl. Röm 5,12: „Durch einen Menschen kam die Sünde in die Welt und durch die Sünde der Tod".

[10] Vgl. oben Anm. 1.

[11] Vgl. Schmidt 1980, 147ff., 164.

[12] Vgl. ebenda, 164f.

[13] Vgl. ebenda 160ff.

CHRISTUS AM ÖLBERG

Württembergisch Franken, um 1450
Alabaster, Relief, überfasst
H 23,5 _ B 22,5 _ T 8,5 cm

Zustand

Das vorhandene Fragment, gleichwohl das Haupt- und Mittelteil der Ölbergsszene, war ursprünglich aus einem Stück aus einem hellen Alabaster ohne Äderung mit dichter, feinkristalliner Struktur geschaffen. In drei Teile zerbrochen – Christusfigur, Zweiergruppe der Apostel und Teil mit Petrus – , wurde durch Zusammensetzung der gegenwärtige Zustand erreicht. Die Christusfigur besitzt auf der Rückseite am Hals und an der Schulter Stege, welche die Verbindung zu einer Hintergrundplatte bildeten.

Das Relief weist Reste einer die gesamte Vorderseite überdeckenden, einfachen, neueren Fassung (20. Jahrhundert?) auf. Die ebenfalls plastisch ausgearbeitete Rückseite blieb farblich unbehandelt. Die Inkarnate erhielten bei dieser jüngeren Fassung ein starkes Rosa ohne Modellierungen. Die Gewänder der beiden äußeren Jünger wurden blau-grün, das des Johannes hellrot, sämtliche Haare und Bärte wurden schwarzbraun gefasst. Die Landschaft ist in Dunkelgrün, teils Blau-Grün wie die Gewänder, der Flechtzaun rötlichbraun gehalten.

Von einer älteren Fassung sind nur wenige Reste zu finden. Auf der Rückseite existiert eine dünne, matte, braune Farbe unter der schwarzbraunen Fassung der Haare Christi. An den Kanten, wo die Fassung ausläuft, ist eine halbtransparente Farbschicht unter der blaugrünen Farbe zu erkennen. Möglicherweise war der Bodenbereich in hellerem Grün als das spätere Blau-Grün. Unter der Farbe des Zaunes gibt es Spuren einer Vergoldung mit orangebräunlicher Anlageschicht. Die geringen Befunde insgesamt erlauben jedoch keine Aussage hinsichtlich der ursprünglichen Farbigkeit.

Neben dem Hintergrund und dem bei einer Ölbergszene zu erwartenden Engel mit Kelch gingen der linke Arm und die rechte Hand Christi verloren. Der linke Fuß des knienden Christus war schon ursprünglich nicht ausgearbeitet. Es sind keine Bohrungen vorhanden.

Die Todesangst Christi, die Verlassenheit Jesu in der Nacht vor seinem Leiden, setzt das Spätmittelalter in „Christus am Ölberg" ins Bild. Basierend auf den Passionsberichten der Synoptiker und deren Schilderung, ging Jesus nach dem vorweggenommenen Pascha-(Pessah-)Mahl mit seinen Aposteln zum Grundstück Getsemani am Ölberg, um sich dort zum Gebet zurückzuziehen.[1] Die begleitenden Jünger bat er sich zu setzen, zu warten, zu wachen und zu beten, während er selbst bete (vgl. Mk 14,26.32). Petrus, Jakobus und Johannes als seine drei Auserwählten des innersten Jüngerkreises nahm er weiter gehend mit sich, hieß diese dann ebenfalls mit der Bitte, zu wachen und zu beten, zurückzubleiben, und entfernte sich selbst noch einmal „ungefähr einen Steinwurf weit", wie der Evangelist Lukas schreibt, „kniete nieder und betete" (Lk 22,41).

Auf der Seite Jesu ist die Situation von abgrundtiefer Niedergeschlagenheit und der namenlosen Angst vor dem Kommenden gekennzeichnet. „Meine Seele ist zu Tode betrübt", äußert sich Jesus gegenüber „Petrus und den Zebedäussöhnen" Jakobus und Johannes (Mk 14,34; Mt 26,38). Die schlafenden Jünger jedoch verhalten sich der inneren Anspannung ihres Meisters gegenüber fast teilnahmslos und abwesend. Diesen Kontrast hat der Künstler des Alabasterreliefs der Ölbergsszene eindrucksvoll in seinem formalen, konstruktiven Aufbau der Kleinplastik umgesetzt.

Auffällig und singulär ist die Architektonik des Bildwerkes. Die durchbrochene Form, die hier das Material erhalten hat, besitzt in anderen Alabasterarbeiten der Zeit nur annähernd Vergleichbares.[2] Die Durchbrüche in der Durchformung des Materials lassen die Gestalt Jesu gleichsam abgehoben über der Gruppe der Jünger erscheinen. Die nur an zwei Stellen über der Gestalt des Petrus und des Jakobus als den Endpunkten des Intervalls befestigte Christusfigur hat etwas Schwebendes erhalten, teilt das Bildwerk deutlich in zwei Ebenen, in eine untere und eine obere. Zugleich gibt es eine bedeutungsperspektivische Unterscheidung. Die Gestalt Jesus kniet am Boden. Sein langes weißes Gewand fällt in ruhigen Faltenbahnen und scheint, am Boden sich ausbreitend, eine Art plastischen Nimbus um den betenden Christus zu bilden. Das Haupt Christi ist – wohl auf die verlorengegangene Engelserscheinung ausgerichtet – leicht erhoben. Der geöffnete Mund gibt dem Gesicht einen starken, emotionalen Ausdruck.

Der überragenden, den ganzen Bildbereich umfassenden Gestalt Christi erscheint die Dreiergruppe der Apostel sprichwörtlich als untergeordnet. Zwei der Synoptiker nennen ausdrücklich mit Petrus, Jakobus d. Ä. und Johannes die Jünger in der Nähe Jesu. Als Personen sind sie durch Altersunterschiede und Attribute kenntlich gemacht. Johannes als Evangelist besitzt ein Buch, ebenso Jakobus d. Ä., den man damals als Verfasser des Jakobus-Briefes ansah. Johannes, der Lieblingsjünger und jüngste unter den zwölf Aposteln, ruht in der Mitte, sein älterer Bruder Jakobus d. Ä. nimmt die äußere Position ein.

Alle drei erscheinen in leicht gekrümmter, schlafender, innerlich abwesender Haltung. Am linken Ende der Gruppe ist Petrus gelagert. Er besitzt gemäß seinem in langer Bildtradition überlieferten und festgeschriebenen Erscheinungsbild eine von einem krausen Haarkranz eingefasste Halbglatze und einen gelockten Bart. Als besonderes, ihn weiter bestimmendes Attribut ist ihm ein Schwert beigegeben. Die Waffe nimmt zugleich eine schon nachfolgende Szene vorweg, wenn bei der Verhaftung Jesu im Garten Getsemani einer von Jesu Begleitern, seinen Herrn mit einem Schwert verteidigend, auf den

„Diener des Hohenpriesters" einschlägt und diesem „ein Ohr" abhauen wird (Mt 26,51). Während die Synoptiker den Schwertträger und den Verletzten im Anonymen lassen, werden sie im Johannesevangelium namentlich genannt: „Simon Petrus aber, der ein Schwert bei sich hatte, zog es, schlug nach dem Diener des Hohenpriesters und hieb ihm das rechte Ohr ab; der Diener hieß Malchus" (Joh 18,10).

Die Ölbergszene und die verinnerlichende Betrachtung der Todesangst Christi gewinnt in der Frömmigkeit und Bildwelt des 15. und frühen 16. Jahrhunderts eine besondere Stellung. Stellvertretend für die stattliche Zahl der noch erhaltenen monumentalen Installationen seien nur der „Ölberg" von Lorenz Reder vor dem Überlinger Münster von 1493 und der 1505 bis 1509 von Hans Syfer geschaffene „Ölberg" vor dem Dom von Speyer genannt.

Die Ölbergszene Christi gewann im Laufe des Mittelalters große Eigenständigkeit. Unzählige Pfarr- und Wallfahrtskirchen besaßen und besitzen Ölberge. Eigene Ölbergandachten haben sich ausgebildet[3], die Ölbergszene Christi nahm und nimmt in der Begehung des Gründonnerstagabend und allgemein in der Volksfrömmigkeit einen besonderen Platz ein bis hin zu Todesangst-Christi-Bruderschaften. Die frömmigkeitsgeschichtliche Bedeutung der Ölbergszene ist aus der allgemeinen Passionsfrömmigkeit hervorgegangen.

Schon seit dem 12. Jahrhundert hat die Betrachtung der Passion Christi, seiner einzelnen Leidensstationen und ihrer Abfolge sich zu einer der Grundformen der Spiritualität, nicht zuletzt der Laienfrömmigkeit entwickelt. Ausgehend von Bernhard von Clairvaux (1090–1153), von dem der „entscheidende Schritt zu einem neuen Christus-Verständnis" und der Passionsfrömmigkeit ausging, wurde das ganze Leben Jesu „unter den Leitgedanken von Leiden und Kreuzestod" gestellt.[4] Das Leben Christi als Passion diente im Spätmittelalter als Hintergrundfolie für die eigene spirituelle Lebensführung und Lebensgestaltung. Es entstanden nicht zuletzt für und in der Laienfrömmigkeit Formen der täglichen Passionsbetrachtung. Analog zum Stundengebet der Mönche und Geistlichen mit ihren sieben Gebets- oder Tagzeiten (horae) wurde das in sieben Stationen eingeteilte Leiden Christi, beginnend mit der Matutin, der Gebetszeit in der Tiefe der Nacht, bis zur Komplet, dem abschließenden Nachtgebet, auf die sieben Horen verteilt. Diese Weise des Passionsgedenkens in der Form des Stundengebets ist schon im 13. Jahrhundert „ganz geläufig".⁵ Beispielhaft stehen dafür die unter den Namen so bedeutender Autoritäten wie Bernhard von Clairvaux oder Beda Venerabilis überlieferte und zugeschriebene Schrift „De meditatione passionis Christi per septem diei horae libellus" (Büchlein über die Betrachtung des Leidens Christi entlang der sieben Gebetszeiten des Tages).⁶ Hier nimmt die tägliche Betrachtung des Leidens ihren Anfang bei der Todesangst Christi am Ölberg. In gleicher Weise ist den ehemals weit verbreiteten, mit dem großen Franziskanertheologen Bonaventura († 1274) in Verbindung gebrachten „Meditationes de passione Christi" die Struktur des Stundengebets eigen. Zur Matutin mit der Ölbergszene beginnend, vermittelt der Text, den Leser anleitend, das Ziel einer solchen Betrachtung: „Leide mit und bewundere Jesu abgrundtiefe Demut. Obwohl er nämlich Gottvater gleich und ihm gleich ewig, scheint er vergessen zu haben, dass er Gott ist und betet wie ein Mensch, steht gewissermaßen zu Gott betend wie ein kleines Menschlein vor der Masse des Menschenvolkes."⁷

Wie generell in der Passionsfrömmigkeit so geht es in der Betrachtung von Jesu Gebet am Ölberg um das einfühlende Mitleiden (compassio), insbesondere um das Sichhineinversetzen in die Todesangst Christi. Dieses Hineindenken in die Agonie Christi ist zugleich Einübung in die Bewältigung der eigenen Endlichkeit und Sterblichkeit, dient der Bereitschaft und Fähigkeit, den eigenen Tod als das dem Leben des Menschen auferlegte Kreuz anzunehmen. So heißt es in der pseudo-bernhardinischen Schrift „Meditatio in passionem et resurrectionem domini", der „Betrachtung zum Leiden und zur Auferstehung des Herrn": „Der Tod ist das bitterste Kreuz, das dir bestimmt ist, worauf du, ohne es zu merken, raschen Schrittes zueilst."⁸

Mit der Ölbergszene ist gerade im Hinblick auf die Ungewissheit der eigenen Todesstunde die ständige Mahnung zur Wachsamkeit und zum Gebet verbunden. „Wacht und betet" (Mt 26,41 parr), ist die wiederholte Bitte Jesu an seine Jünger, der sie bei jeder Rückkehr stets schlafend findet. „Seid nüchtern und wachsam!" lautet die ernste Empfehlung im 1. Petrusbrief (1 Pt 5,8).

Die vorliegende Alabasterarbeit besitzt den Charakter des Intimen. Obwohl über ihre ursprüngliche Einbettung letztlich keine sichere Aussage gemacht werden kann, mag sie allem Anschein nach in der persönlichen, privaten Frömmigkeit beheimatet gewesen sein. Unabhängig davon gibt sie ein bewegendes Zeugnis von der Vielgestaltigkeit der Ausdrucksformen und der Medien der ganz auf Christus und eine spirituelle Lebensform ausgerichteten Kunst der Passion.

Literatur:
Ausst. Kat. Stuttgart 1985, 92–93. – Kollmann 1995, Nr. 20, 173–177. – Ausst. Kat. Rottweil 1995, 9–11. – Kollmann 2000, 166, 182 mit Abb. 20.

[1] Vgl. Mt 26,34–36; Mk 14,32–42; Lk 22, 39–46.
[2] Vgl. Ausst. Kat. Rottweil 1995, 11; Kat. Freiburg 1995 Nr. 20.
[3] Vgl. Haimerl 1952, 100.
[4] Vgl. Köpf 1997, 725f.
[5] Ebenda, 728.
[6] Vgl. ebenda 738.
[7] Übers. W.U. – Ps-Bonaventura Meditaciones 3 (ed Stallings, 98,16–19).
[8] Übers. W.U. – Ps-Bernhard Meditatio (PL 184,744A): „Mors, inquam, ipsa est durissima crux, quae tibi paratur, ad quam tu festinas, et non attendis."

ENTSCHLAFUNG MARIENS

Württembergisch Franken, um 1450
Alabasterrelief, gefasst
H 29 _ B 21,5 _ T 7 cm

Zustand

Das rechteckige, in zwei separaten Teilen gearbeitete Alabasterrelief weist verschiedene, aufeinanderfolgende Fassungen auf. Ursprünglich war es jedoch nur teilgefasst. Auch wenn die jetzige Verbindung der Alabasterplatten nicht original sein mag, dürfte sie dennoch ähnlich gewesen sein. Das obere Stück war zerbrochen und wurde wieder angesetzt. Bei der rechten, unteren Ecke handelt es sich um eine Ergänzung. Die Hände der Apostel sind zum Teil abgebrochen, auch die Gesichter von Maria und Petrus zeigen Beschädigungen. Unten im Sockel befinden sich drei Bohrungen, die wohl einer früheren Befestigung dienten.[1]

Das schräg gestellte, leicht nach vorne gekippte Sterbelager der Gottesmutter nimmt nahezu die gesamte Breite der unteren Reliefplatte ein. Maria trägt ein schlichtes Gewand mit langen Ärmeln. Das von einem kurzen Schleier bedeckte Haupt ist auf zwei Kissen gebettet, die Hände sind vor dem Schoß gefaltet. Über ihren Beinen liegt eine außen grün und innen rot gefasste, gesäumte und damit Kostbarkeit anzeigende Decke, die vor der Bettstatt in geraden Faltenbahnen herabfällt.

Rechts und links sowie am Kopfende des Bettes sitzen drei Apostel. Die hinter dem aufgebahrten Leib der Muttergottes auf zwei Ebenen angeordneten Jünger sind mit zum Gebet gefalteten Händen wiedergegeben. Mit aufgeschlagenem Buch steht Petrus in der Mitte. In seiner rechten Hand befand sich wohl ein Aspergill – ein liturgisches Gerät zum Besprengen mit Weihwasser. Darauf deutet der Apostel zu seiner Rechten hin, der assistierend das Aspersorium (Weihwasserkessel) hält. Der am Fußende des Bettes stehende, bartlose Apostel dürfte Jesu Lieblingsjünger Johannes sein. Er besaß eine besonders innige Beziehung zur Gottesmutter, da ihm unter dem Kreuz stehend Maria von Jesus selbst als Mutter zugesprochen wurde (vgl. Joh 19,27). Im Relief wird diese Verbundenheit durch Johannes' Trauergestus der andächtig vor der Brust gekreuzten Hände betont.

Die beiden Ebenen des Irdischen und des Himmlischen, des Zeitlichen und des Ewigen sind formal durch einen Absatz im Reliefgrund geschieden. In der Sphäre der Ewigkeit bildet, flankiert von zwei knienden, anbetenden Engeln, die nimbierte Halbfigur Christi über einer Wolkenkrause das Zentrum. Christus hält die Seele seiner Mutter – dargestellt als kleines Kind mit offenem Haar – in seinen Armen. Die Seele der in den Himmel aufgenommenen Gottesmutter ist in vielen Abbildungen als Kind, jedoch meistens stehend oder aufrecht sitzend, wiedergegeben. Dass sie hier wie ein Wickelkind in den Armen Christi liegt, besitzt nicht nur das anrührende Moment der Umkehrung zum Christuskind in den Armen seiner Mutter, sondern unterstreicht die Geborgenheit in Gott. Für das Entschlafen (*Dormitio*) der Gottesmutter bieten die Evangelien keine Quelle. Während der Tod der heiligen Jungfrau in der Theologie der Urkirche keine Rolle spielte, fand der Wunsch, „Marias Heilsbedeutung mit der Erlöserrolle Jesu zu verknüpfen", bereits in spätantiken Texten seine Ausformulierung.[2] So schildert der von einem anonymen Autor verfasste Text „De transitu beatae Mariae virginis" (5. Jh.) detailreich das Hinscheiden der Muttergottes und ihre Aufnahme in den Himmel.[3] Die Entstehung der nachneutestamentlichen, apokryphen Schrift hing mit der Ausformulierung des Festes der Entschlafung Mariens (*Koimesis*) zusammen: Seit dem 5. Jahrhundert wurde in Jerusalem, am 15. August, dem Heimgang der heiligen Jungfrau und ihrer Bestattung in der Marienkirche im Kedron-Tal gedacht. Seit dieser Zeit ist auch der Glaube an die Aufnahme der heiligen Jungfrau in den Himmel bezeugt, aus dem das spätere Fest „Mariä Himmelfahrt" (*Assumptio Mariae*) hervorgegangen ist, das in der lateinischen Welt seit Jahrhunderten ebenfalls am 15. August begangen wird.

Bildliche Darstellungen des Transitus Mariens lassen sich bereits Ende des 8. Jahrhunderts nachweisen.[4] In Vollendung tritt es in der Zeit der hohen Gotik vor Augen, wofür beispielhaft das Tympanon mit dem Sterben Mariens (nach 1225) am Portal des Südquerhauses des Straßburger Münsters vom sogenannten „Ecclesia-Meister" genannt sei. Die „Legenda aurea" des Jacobus de Voragine (um 1230–1298) bietet mit ihrer für die nachfolgende bildliche Gestaltung maßgeblichen Schilderung des

27 ENTSCHLAFUNG MARIENS

Geschehens gewissermaßen eine Zusammenfassung und Synthese des bis zum 13. Jahrhundert Überlieferten. Im Spätmittelalter zählte die Darstellung des Marientodes zum festen Bestandteil von Marienzyklen. Die Verbreitung des Bildthemas ist darauf zurückzuführen, dass der Tod der Gottesmutter als Beispiel und Anweisung zum richtigen Sterben verstanden wurde. Die „Legenda aurea" berichtet, dass ein Engel Maria verkündet hatte, sie würde in drei Tagen sterben und zum Paradies einkehren. Daraufhin bat die Gottesmutter inständig, dass ihre „lieben Söhne und Brüder, die Apostel", sich um sie „versammeln können, damit ich sie vor meinem Tod noch einmal mit meinen leiblichen Augen sehe, und von ihnen möchte ich bestattet werden und in ihrer Gegenwart will ich meinen Geist Gott wieder zurückgeben."[5] Der Wunsch Mariens, noch einmal mit den Aposteln zusammen zu sein, ist eine Weiterführung der neutestamentlichen Aussage, dass nach der Auferstehung Christi die junge christliche Gemeinde „einmütig im Gebet" vereint war „mit den Frauen und mit Maria, der Mutter Jesu" (Apg 1,14). Als nun alle Apostel zum Abschied von Maria versammelt waren, „lobte sie den Herrn und ließ sich inmitten der mit Lampen und Lichtern um sie Gescharten nieder. Um Mitternacht kam Jesus mit den Ordnungen der Engel, der Versammlung der Patriarchen, dem Heer der Märtyrer, der Reihe der Bekenner und dem Chor der Jungfrauen vom Himmel, und die vor dem Bett der Jungfrau aufgereihten, himmlischen Heerscharen stimmten im Wechsel süße Gesänge an. (…) So schied die Seele Mariens von ihrem Leib und flog auf in die Arme ihres Sohnes."[6]

Durch die Ankündigung des Engels konnte Maria sich auf ihr Hinscheiden vorbereiten, was im Mittelalter als Voraussetzung für einen guten Tod galt; denn nur so blieb Zeit, Buße zu tun und die Eucharistie zu empfangen. Marias Anliegen, im Kreise der Apostel zu sterben, bringt den Wunsch nach Geborgenheit und Trost in der christlichen Gemeinschaft zum Ausdruck. Darüber hinaus waren die Sterbedienste, die Kleriker oder Laienchristen für den Hinscheidenden durchführten, – das Abnehmen der Beichte, das Spenden der Eucharistie und der letzten Ölung – ebenfalls Bedingungen für ein friedvolles Ende und die Hoffnung auf Erlösung.

In bildlichen Umsetzungen des Themas wurde die Vorbildfunktion der Gottesmutter noch betont, da Elemente integriert wurden, die in den Quellentexten nicht beschrieben sind. So berichten die Schriften zwar davon, dass die Apostel beteten und sangen, jedoch nicht, dass sie hierbei Bücher benutzten. Im mittelalterlichen Sterberitual galt das Vorlesen geistlicher Texte jedoch als Trost spendend, weswegen die Apostel in vielen Illustrationen des Marientodes mit Büchern abgebildet sind. Auch das Vertreiben böser Mächte war grundlegender Bestandteil des Sterbezeremoniells, wozu das Anzünden von geweihten Kerzen und das Versprengen von Weihwasser und Weihrauch dienten. Während in den Quellentexten nur die Kerzen explizit Erwähnung finden, integrierten Bildhauer und Maler des Spätmittelalters auch Weihwasserkessel und Weihrauchfass in die Darstellungen.

Da der Tod Marias als Inbegriff christlichen Sterbens galt, findet sich die Ikonographie – zum Teil mit der Einbindung von Stifterfiguren – häufig auf Grabdenkmälern und Gedächtnisbildern. Dieses Alabasterrelief dürfte jedoch aus einem anderen Zusammenhang stammen. Zu erwägen ist die Herkunft aus einem kleinen Altar mit Szenen aus dem Leben der Gottesmutter.

Stilistisch gehört die Tafel zu einer Reliefgruppe, die von Norbert Jopek und Annette Kollmann nach Württembergisch Franken lokalisiert wird.[7] Ein direktes Vergleichsstück mit einer nahezu identischen Bildkomposition befindet sich in den Reiss-Engelhorn-Museen Mannheim (Inv. Nr. A. 98).

M.P.

Literatur:
Jopek 1988, 129, Nr. 25. – Ausst. Kat. Rottweil 1995, 13f., Nr. 3. – Kollmann 1995, 159–166, Nr. 18. – Kollmann 2000, 182, Nr. 8.

[1] Vgl. die ausführliche technologische Untersuchung bei Kollmann 1995, 159–166.
[2] Schreiner 1993, 261.
[3] Vgl. De transitu beatae Mariae virginis, in: Tischendorf 1966, 113–123.
[4] Vgl. LCI, Bd. 4, 335.
[5] Übers. W. U. – Legenda aurea 115 (ed. Maggioni, 780,10–12): „Maria respondit:... hoc peto instantius, ut filii et fratres mei apostoli ad me pariter congregentur ut eos antequam moriar corporalibus oculis videam et ab eis sepeliri valeam et ipsis presentibus spiritum dei reddam."
[6] Übers. W. U. – Legenda aurea 115 (ed. Maggioni, 782,44–57): „Cum autem beata Maria omnes apostolos congregatos vidisset, dominum benedixit et in medio eorum ardentibus lampadibus et lucernis consedit. Circa vero horam noctis tertiam Ihesus advenit cum angelorum ordines, patriarchum cetibus, martyrum agminibus, confessorum acie virginumque choro et ante torum virginis ordinantur et dulcia frequentantur... Sicque Marie anima de corpore egreditur et in ulnas filii advolavit."
[7] Vgl. Jopek 1988, 66f.; Kollmann 2000, 163ff.

MADONNA MIT KIND

Straßburger Frari-Meister von 1468
Oberitalien, um 1470/80
Stuck auf Holzarmierung
H 40,5 _ B 28,5 _ T 6 cm

Zustand

Nicht mehr vorhanden der rechte Fuß des Kindes, am Sockel ist die linke obere Ecke abgebrochen und wieder angesetzt, ein Stück des Mariengewandes rechts vom Kind ergänzt. Die Gewänder aller Figuren zeigen Reste einer über rötlichem Bolus angebrachten Vergoldung. Das Kissen besitzt Spuren von Weiß bei grüner Unterseite. Die Frucht in der linken Hand des Kindes weist rote und gelbe Farbe auf. Überdies ist noch ursprüngliche Inkarnatfarbe erkennbar.

STRASSBURGER FRARI-MEISTER
VON 1468

Mit diesem Notnamen ist ein Bildhauer benannt, dessen künstlerische Wurzeln am Oberrhein, insbesondere im engeren Umkreis des Niklaus (Niclaus) Gerhaert von Leyden liegen. Er war Mitarbeiter an der künstlerischen Ausstattung des von Marco Cozzi († 1485) aus Vicenza signierten und 1468 datierten Chorgestühls der Franziskanerkirche Santa Maria Gloriosa dei Frari in Venedig. Dem „Straßburger Frari-Meister" sind der größte Teil der 50 Flachreliefs der Rückenlehnen (Dorsale) in den oberen Reihen des zudem mit 154 Intarsien ausgestatteten Gestühls zu verdanken.[1] Die Tätigkeit des Frari-Meisters in einer bedeutenden venezianischen Kirche zeugt von einer gewissen Offenheit gegenüber fremden Stilrichtungen und der Rezeption und der Akzeptanz nördlich der Alpen beheimateter, spätgotischer Weisen des Kunstschaffens im Italien des Renaissancezeitalters.

Niklaus Gerhaert von Leyden, dessen Wirkung in Schöpfungen des „Straßburger Frari-Meister von 1468" zu erkennen ist, gelangte über Trier, wo er 1462 das erste von ihm signierte Werk im Grabmal des Bischofs Jakob von Sierck (1398/99–1445) hinterlassen hatte[2], nach Straßburg, war dort seit 1463 ansässig und erwarb 1464 das Straßburger Bürgerrecht. Die oberrheinische, direkt bis an den Bodensee nach Konstanz reichende Schaffensperiode dieses niederländischen Meisters übte einen tiefen Einfluss auf die Kunst der Plastik im letzten Drittel des 15. Jahrhunderts in Süddeutschland aus.[3]

Im Jahre 1466 vollendete Niclaus Gerhaert den im Bildersturm zerstörten Hochaltar des Münster von Konstanz.[4] Mit „1467" und „niclaus von leyen" ist das vormalige, 1967 in die Stiftskirche überführte steinerne Friedhofskreuz von Baden-Baden datiert und signiert.[5]

Im gleichen Jahr ereilt den „kunstreich Niclas Lerch", den „Werckmeister detz großen baus zu Straspurg und daselbs Purger", der Ruf von Kaiser Friedrich III. (1415–1493), sich nach Wien zu begeben, um „etlich Grabstain zu hawen".[6] Die bildhauerische Gestaltung des heute im Stephansdom in Wien sich befindenden Tumbagrabes Kaiser Friedrichs III. bildet nun einen Schwerpunkt der Arbeit des bereits 1473 in Wiener Neustadt verstorbenen Niklaus Gerhaert.[7]

Die mit der Abreise Niklaus Gerhaerts vom Oberrhein 1467 verbundene Auflösung der Straßburger Werkstatt steht in auffälligem zeitlichen Zusammenhang mit dem Auftreten eines deutlich von Niklaus Gerhaert geprägten Wanderkünstlers wie des Meisters der Reliefbüsten des Frari-Chorgestühls in Venedig im Jahre 1468. Gertrud Otto hat als erste die Reliefs als Arbeiten eines Künstlers aus dem deutschen Kunstraum erkannt.[8] Nachfolgend wurden weitere Werke mit dem „Straßburger Frari-Meister von 1468" in Verbindung gebracht wie eine „Maria mit Kind" (Virgin and Child) im Wadsworth Atheneum in Hartford/Connecticut (USA), ein Nussbaumrelief gleicher Thematik der Privatsammlung des Münchner Kunsthauses Böhler, gegenwärtig im Bayerischen Nationalmuseum München, und eine ehemals zum Bestand des Fürstlich Hohenzollerischen Museums in Sigmaringen gehörende, heute im Musée de Lyon aufbewahrte „Verkündigung an Maria" wie ein weiteres, verwandtes Verkündigungsrelief in Florenz, im Museo Nazionale, Bargello.[9]

Als Stuckrelief ausgeführt, modelliert das Bildwerk auf einem halboktogonalen Sockel das Bildnis der Gottesmutter Maria mit dem Jesuskind. Der Sockel als integraler Teil des Reliefs fungiert dabei nicht nur formal als den Bildaufbau fundierendes und begrenzendes Podest, sondern ist kompositorisch wie inhaltlich in das Bildwerk einbezogen. So sind in den Bögen der Podestbrüstung bärtige Prophetengestalten zu sehen, Erinnerungen an die in der Marienikonographie des Mittelalters häufig erscheinenden, vom Kommen des Messias kündenden, hier bewegt dargestellten Visionäre des Alten Testaments. Der Bildtradition entsprechend und folgend, unterstreichen Bücher oder Spruchbänder in den Händen dieser biblischen Personen deren genannte Bedeutung. Zugleich dient der Sockel in einem realen Sinne als Auflagefläche für das Prunkkissen des Jesuskindes und bekommt damit die Note eines Thronsitzes. Geradezu verspielt lässt die Komposition das Gewand Mariens unter dem Prunkkissen die Brüstung des Sockels überlappen und dessen Front hinabfließen, um im Herabhängen zugleich zur Kopfbedeckung, zum hebräisch „Tallith" genannten Gebetsschal des dritten bärtigen Propheten unterhalb des Jesuskindes zu werden.

Die Gottesmutter Maria ist in sanft fallende, zuweilen kantige Falten ausbildende Gewänder gekleidet. Ihr Haupt ist bis zum Rand der hohen Stirn von einem Schleier bedeckt, der seitlich die das Gesicht umspielenden, lang gezogenen Wellen des herabgleitenden Haares sichtbar werden lässt. Unter dem Schleier trägt sie ein weiteres Gewand mit rundem Halsausschnitt. Leicht angehoben und angewinkelt, einen Faltenstau in der Armbeuge erzeugend, halten der bloß gelegte Unterarm Mariens und die vornehm wirkende, schlanke Hand mit abgespreiztem kleinen Finger zusätzlichen Kontakt zum Kind. Das Ärmchen ebenfalls angehoben, umfasst das Kind mit seinem Händchen, die innige, liebevolle Beziehung von Mutter und Kind anzeigend, den Zeigefinger Mariens. Stützend und haltend greift auf der anderen Seite die Gottesmutter mit ihrer linken Hand unter die Achsel des noch unsicher thronenden Jesuskindes. Das Kind selbst sitzt mit gekreuzten nackten Beinchen auf seinem Kissen. Es trägt ein über der Brust geknöpftes, vorn sich öffnendes, das nackte Knabenkörperchen zum Vorschein bringendes Ärmelkleidchen. In der linken Hand hält der Junge eine Frucht, die anhand der roten Farbe und des aufgesetzten Gelb für das Krönchen als Granatapfel identifiziert werden kann. Der Granatapfel steht in der jüdisch-christlichen Symbol- und Bildsprache der Vergangenheit für Liebe, Fruchtbarkeit und Unsterblichkeit.[10]

Mit kindlicher Heiterkeit, einem leicht lächelnden Mündchen, schmalem, spitzen Näschen ist das sich quicklebendig gebende Kleinkind mit seinen noch kurzen Haaren seinem betrachtenden Gegenüber zugewandt. Maria hingegen besitzt eine eher nach innen gekehrte Haltung. Die Augenlider erscheinen, als ob die Gottesmutter und Jungfrau Maria einer inneren, kontemplativen Schau hingegeben sei, halb geschlossen. Zugleich vermittelt ihr ein wenig erhobenes, nach der Seite hin geneigtes Haupt unverkennbar einen Eindruck von stillem, verhaltenen Stolz. Solche Fähigkeit subtiler psychischer Differenzierung im Ausdruck des Bildwerks, verbunden mit der überzeugenden, veristischen Wiedergabe der körperlichen Präsenz eines Kleinkindes und seines Verhaltens, legt die hohe Meisterschaft des Urhebers an den Tag.

Die hier wie allgemein im Marienbild gegenwärtige Schönheit der Gestalt und des Gesichts der Gottesmutter besitzt sinnbildlichen Gehalt und philosophischtheologische Aussagekraft. Sie ist Spiegel der Schönheit des von Gott geschaffenen Seins, der Schönheit der Schöpfung überhaupt. Die ganze Schöpfung muss nach der Schrift „De divinis nominibus" des Pseudo-Dionysius Areopagita (um 500 n. Chr.), einer für das ganze Mittelalter und noch die frühe Neuzeit maßgeblichen Autorität, als Widerschein göttlicher Schönheit betrachtet werden.[11]

Im Denken des Mittelalters gehört die Schönheit zu den Transzendentalien, den allgemeinsten Aussagemöglichkeiten für das Seiende. Die Lehre von den Transzendentalien, zu denen zusammen mit dem Guten (bonum) und dem Wahren (verum) auch das Schöne (pulchrum) gehört, besagt in aller Kürze, dass alles, was ist, jedes „ens" als von Gott geschaffen, gut ist, dass es zugleich als solches wahr und schön ist. Die Schönheit Mariens sah die Theologie des Mittelalters schon in der dichterischen Beschreibung der Geliebten, der Braut des alttestamentlichen Buches des „Hohenliedes" angesprochen und ausgedrückt. Seit der Deutung des Hohenliedes durch den Kirchenvater Papst Gregor den Großen (592–604) werden Bräutigam und Braut des Hohenliedes als Sinnbild Christi und seiner Braut der Kirche, der „ecclesia", und ihrer gegenseitigen Liebe verstanden. Im 12. Jahrhundert tritt an die Stelle der Kirche als Braut Christi die Jungfrau und Gottesmutter Maria. Sie wird in der Folgezeit, weil durch sie wie durch die Kirche Christus zur Welt kommt, als Urbild der Kirche betrachtet. In der Tradition der Interpretation auf Maria übertragen, wird im Hohenlied vielfach die Schönheit der Braut gepriesen. „Schön bist du, meine Freundin, ja schön" (Hld 1,15; 4,1), verleiht der Bräutigam im Hohenlied seinem Entzücken Ausdruck. „Alles an dir ist schön, meine Freundin; kein Makel haftet an dir" (Hld 4,7). In der für das ganze Mittelalter und noch für die Neuzeit maßgeblichen lateinischen Übersetzung der Bibel, der „Vulgata", lautet diese Stelle: „Tota pulchra es amica mea, et macula non est in te", was pointierter übersetzt werden kann: „Du bist vollkommen schön, meine Freundin." Und an anderer Stelle wird die Braut des Hohenliedes mit der Schönheit des Mondes und der Erlesenheit der Sonne verglichen: „Pulchra ut luna, electa ut sol" (Hld 6,9).

Die in Maria verkörperte Schönheit, so die tiefere theologisch-ikonographische Bedeutung, ist als Makellosigkeit nicht nur Zeichen der Sündelosigkeit und Reinheit der Jungfrau und Gottesmutter Maria, sie ist zugleich Ausdruck der Gegenwart des Guten, Wahren und Schönen des von Gott geschaffenen Seins, ist Vor-Schein des Ewigen und Göttlichen.[12]

Diese theologische Ästhetik gehört zur „Wirklichkeit" dieser aus Adelsbesitz in Vicenza in den Kunsthandel gelangten Stuckmadonna.[13] Von der Provenienz her ist daran zu erinnern, dass der mit dem Chorgestühl der

Frari-Kirche beauftragte Künstler-Unternehmer Marco Cozzi aus Vicenza stammt. Die augenscheinliche Nähe zu den Reliefs des Frari-Meisters zeigt nicht nur jenes mit der Darstellung der Halbfigur Mariens und des nackten Jesuskindes an dem Frari-Chorgestühl; es sind vor allem die Gesichtsformen, die Ausarbeitung des Haupthaares, der Hände und die Faltenbildungen der Gewänder der anderen Reliefs mit den Bildnissen heiliger Frauen wie der hl. Barbara, Katharina von Alexandrien oder der der hl. Agnes, welche nicht nur im Detail stilistische Zusammenhänge offenbaren, sondern auch eine diesen Arbeiten gemeinsame prinzipielle Haltung in der künstlerischen Bewältigung von halbfigurigen Reliefs an den Tag legen.

Als weiteres Vergleichsbeispiel für die Nähe zum Straßburger Niklaus-Gerhaert-Kreis kann ein schon länger aus dem Münchner Kunsthandel bekanntes und in ihm vorgestelltes hochrechteckiges, in Nussbaumholz ausgeführtes Relief einer Maria mit nacktem Jesuskind, die sogenannte „Böhler-Madonna"[14], herangezogen werden, das engste stilistische Verwandtschaft zum Relief der heiligen Maria Magdalena des Frari-Chorgestühls aufweist.[15] Das als „Oberrhein (Straßburg) um 1470" deklarierte Werk der „Böhler-Madonna" besitzt einen verwandten Sockelaufbau der Mutter-Kind-Gruppe mit einem analogen Überhängen des Manteltuchs über den Sockel wie beim vorliegenden Madonnenrelief, ebenso „die fein differenzierte Hand Mariens unter der Achsel des Kindes."[16] Bei diesem Beispiel allerdings wird das Haupt Mariens vom Schleier befreit, und frei fließend umströmt das reiche Haupthaar ihr Gesicht. Das nackte Jesulein ergreift spielend mit der Hand ein Ende der Lockenpracht seiner Mutter.

In gleicher Weise wie im Falle der Münchner „Böhler-Madonna" wird eine Beziehung des Stuckreliefs zur Maria Magdalena der Dorsale des Frari-Chorgestühls deutlich. Die Art des Haares, aber auch der bloß gelegte, aus dem Ärmel hervortretende Unterarm lassen einen Bezug erkennen.

Kann allein schon durch solche Parallelen eine Anbindung des Stuckreliefs an oberrheinische Gestaltungsformen und -muster ausgemacht werden, so konnte Ulrich Söding weitere oberrheinische und niederländische Quellen erkennen. „Das Hemdchen des Kindes findet sich ähnlich bei der Madonna des Lautenbacher Hochaltars" und hat schon zuvor beim Meister E. S. in der Druckgrafik ein mögliches Vorbild.[17] „Das untergeschobene Kissen aber erinnert an Madonnendarstellungen von Dieric Bouts und Martin Schongauer."[18]

Das Stuckrelief der Madonna mit Kind ist dem Ergebnis der stilistischen, von Ulrich Söding angestellten Analyse zufolge „einerseits das Werk eines oberrheinischen Meisters"[19], zum anderen zeige es, anders als die Frari-

Reliefs „eine zweite, venezianische Stilquelle", die schon an Giovanni Bellini (um 1432–1516) denken lasse. „Italienischen Einschlag" zeige die Physiognomie Mariens, ein solcher sei auch mit der „Kurzhaarfrisur" des Knaben gegeben. Besonders „bellinesk" wirke „der Griff des Kleinen an den Finger der Mutter", wofür ältere Prototypen und zahlreiche Varianten des Motivs bei Giovanni Bellini existierten.[20]

Aus seinem Stil- und Motivvergleich zieht Ulrich Söding den Schluss, dass das Stuckrelief das „Werk eines oberrheinischen Meisters" sei, „der sich um 1480 erfolgreich dem venezianischen Kunstklima angepaßt" habe. Mit den Arbeiten des Meisters oder eines seiner Mitarbeiter der Dorsale-Reliefs Santa Maria gloriosa dei Frari möchte er es nicht „gleichsetzen".[21] Doch wird man, will man nicht ständig neue Künstlerpersönlichkeiten postulieren und einführen, gerade auf der Basis der Verbindung zur oberrheinischen, von Niklaus Gerhaert von Leyden geprägten Plastik des Frari-Meisters unter dem Gedanken von Kontinuität und Weiterentwicklung diese Arbeit nicht für unvereinbar mit dessen früheren Schaffen halten. Unabhängig davon stellt Söding die besondere Bedeutung des Werkes in der Verschmelzung von oberrheinisch-niederländisch bestimmtem Schaffen in der Plastik der Spätgotik mit italienischer Renaissance des 15. Jahrhunderts heraus: „… ist die Stuckmadonna ein interessanter Beleg für einen gelungenen und in dieser Form bisher einmaligen Assimilisationsprozeß."[22]

Literatur:
Mehringer 1991, 14–17. – Söding 2007, 178–180.

[1] Vgl. G. Bergamini, Cozzi, Marco, in: AKL 22, 1999, 115f.; Ausst. Kat. Karlsruhe 1970, 120.
[2] Vgl. Baxandall 1985, 327f.; Gatz 1996, 665.
[3] So ist mehrfach der Einfluss Niklaus Gerhaerts und seines Konstanzer Altars auf so herausragende Altarwerke wie den Wolfgangsaltar (1479) des Tirolers Michael Pacher (um 1435–1498) und den dem Passauer Martin Kriechbaum zugeschriebenen Kefermarkter Altar (um 1490) konstatiert worden. – Vgl. hierzu Deutsch 1963, 121ff.; Rasmo 1969, 58, 64; Krone-Balcke 1999, 177f. – Zum Einfluss auf seeschwäbische und oberschwäbische Bildschnitzer wie Simon Haider (1437–1480), Hans Haider (1474–1519) oder Heinrich Iselin (1477–1413) vgl. Deutsch 1963, 58ff.; Deutsch 1964, 53ff.
[4] Vgl. Deutsch 1963, 62.
[5] Vgl. Ausst. Kat. Karlsruhe 1970, 95ff. Nr. 23; Söding 2002, 39.
[6] Zitiert nach Krone-Balcke 1999, 178f.
[7] Vgl. Söding 2002, 43f.
[8] Vgl. Otto 1940, 173. – 182. – Zum „Straßburger Frari-Meister von 1468" vgl. Schmoll gen. Eisenwert 1958, 265–278; Deutsch 1964, 48–50; Ausst. Kat. Karlsruhe 1970, 120; Recht 1987, 187–191, 351ff. Nr. III.01–III.50, Abb. 65–93; Groß 1997, 43f.
[9] Vgl. Müller 1954, 366–370; Kat. Karlsruhe 1970, 121f.; Kat. Böhler 1980, 16f. Nr. 3; Groß 1997, 42f. und 486 Abb. 63 und 64. – Zur „Verkündigung", die auch mit Hans Wydyz in Verbindung gebracht wurde vgl. Müller 1954, 366 und die Abschreibung an Wydyz und Zuschreibung an den Frari-Meister durch Groß 1997, 37–44 und 331 Kat. Nr. V.1.
[10] Vgl. C. Dutilh, Granatapfel, in: LCI 2, 198.
[11] Ps-Dionysius, De div. nom. 4,7.
[12] Zum vorangehenden vgl. auch meine Ausführungen in Urban 1999, 47f.
[13] Vgl. Söding 2007, 178.
[14] Nicht zu verwechseln mit der aus der gleichen traditionsreichen Münchner Kunsthandelsfirma kommenden, heute in der Gemäldegalerie in Berlin sich befindenden sog. „Madonna Böhler" von Hans Holbein d. Ä. (vgl. Rasch 1999).
[15] Den Zusammenhang der Frari-Reliefs mit der „Böhler-Madonna" erkannte zuerst Müller 1954, 369. – Vgl. Deutsch 1964, 48f. mit Abb. 41; ebenda 48: „Die Stilgleichheit zwischen diesen venezianischen Bildwerken (sc. den Frari-Reliefs, d. Vf.) und dem Münchner Relief ist evident". – Vgl. Ausst. Kat. Karlsruhe 1970, 120f. Nrn. 55 und 57 mit Abb. 52 und 53; Kat. Böhler 1980, 16f. Nr. 3.
[16] Söding 2007, 178.
[17] Ebenda. – Vgl. Appuhn 1989, 49 und 50 (Lehrs 49 und 50).
[18] Ebenda. – „Eigenartig und etwas widersinnig" bleibe nach Söding „nur die hier vorgenommene Verdoppelung der Unterlage mit Hilfe des" unter dem Kissen durchgehenden „Tuches" (ebenda, 178f.). – Der scheinbare Widersinn kann durch die oben gegebene Deutung des Kissens als Prunkkissen und der ikonographischen Andeutung eines thronenden Jesuskindes aufgelöst werden.
[19] Ebenda, 179.
[20] Ebenda.
[21] Ebenda.
[22] Ebenda.

MICHEL ERHART

Kaum zwei Jahre nach dem Tode des bahnbrechenden, weite Kreise der süddeutschen Kunst beeinflussenden Meisters Hans Multscher (um 1400–1467) betritt der Bildhauer Michel Erhart die Bühne des Kunstschaffens der Freien Reichsstadt Ulm. Die älteste erhaltene Nachricht aus dem Leben Michel Erharts überhaupt überliefern die Steuerlisten der Stadt, in denen sich für das Jahr 1469 der Eintrag „michel bildhower" findet. Michel Erhart dürfte daher zwischen 1440 und 1445 geboren sein. Da seine erste, frühestens 1468 geborene Tochter den Taufnamen Afra († 304), der hochverehrten Augsburger Märtyrerin der römischen Zeit, erhielt, könnte dies auf Augsburg als Herkunftsort des Künstlers verweisen. In Ulm wird ihm um 1470 der Sohn Gregor geboren, der gleichfalls als Bildhauer unter der anfänglichen Ägide des Vaters zu einem der großen Meister heranwachsen wird, später in Augsburg seinen Schaffensmittelpunkt findet und dort gegen 1540 stirbt.

Bevor Michel Erhart in Ulm Fuß fasste, hat er wie Hans Multscher, der als früher Pionier mit den auf seinen Reisen gewonnenen Einsichten der neuen Seh- und Darstellungsweisen der niederländischen Kunst das Kunstschaffen revolutionierte, „von seiner Wanderschaft eine fremde, wohl niederländisch geschulte Formensprache mitgebracht" und diese dann „der ulmischen Art angepasst".[1]

Unmittelbar nach seiner Niederlassung in Ulm fertigte Michel Erhart in Verbindung mit Jörg Syrlin d. Ä., dem die Projektleitung übertragen war, als frühe Meisterleistung zwischen 1469 und 1474 die großartigen Wangenbüsten der Sibyllen und der antiken Weisen des Ulmer Chorgestühls. In direkter Verbindung und im Anschluss daran wird Michel Erhart im Jahre 1474 das Figurenprogramm des durch den Bildersturm der Reformationszeit von 1531 zerstörten Hochaltars des Ulmer Münsters anvertraut.[2] Die letzten Arbeiten für diesen Altar erstrecken sich bis 1503, als die letzte Rechnung beglichen wurde.[3]

In einem Vertrag von 1475 „erscheint erstmals der volle Name des Meisters: ‚Michel Erhart der bildhawer, burger zu Ulme'".[4] An seinem Wohn- und Werkstattsitz Ulm erreichen Michel Erhart, der sich zum führenden Bildhauer Schwabens empor gearbeitet hatte, in den Folgejahren zahlreiche, höchst ehrenvolle Aufträge. Um 1478 entsteht die Mitte des 19. Jahrhunderts wieder berühmt gewordene, in die Sammlung von Johann Baptist Hirscher (1788–1865) eingegangene und von dort 1849 nach Berlin gelangte „Ravensburger Schutzmantelmadonna".[5] Schon um 1475 bringt Michel Erhart in der Martinskirche von Kaufbeuren, nach den noch vorhandenen lebensgroßen Schreinfiguren zu urteilen, „nicht nur von den Maßen her" einen „der bedeutendsten" Altäre „der schwäbischen Gotik" hervor.[6]

Ulrich Fugger bedenkt 1485/86 Michel Erhart mit der Aufgabe der Schaffung eines Schnitzaltars für die Dionysiuskapelle der Fuggerschen Stiftung an St. Ulrich und Afra in Augsburg.[7] Auch das Augsburger Werk hat den Bildersturm nicht überlebt. Es folgen 1489 ebenfalls nicht erhaltene Altarretabelfiguren für das Dominikanerinnenkloster St. Katharina in St. Gallen[8] und der 1493 zusammen mit dem Maler Hans Holbein d. Ä. (um 1465–1524) vollendete Hochaltar für die Benediktinerabtei Weingarten. Von diesem Altarwerk haben sich nur zwei der von Holbein d. Ä. gemalten, im 19. Jahrhundert in den Augsburger Dom gelangte Flügel erhalten. Die beiden Flügel wurden gespalten und deren Außen- und Innenseiten getrennt aufgehängt.[9] Auf der zugehörigen Tafel mit der Darstellung der „Beschneidung Christi" ist auf dem Gürtel einer jungen Frau am Bildrand in Kapitälchen zu lesen: „Michcl (sic!) Erhart Pildhaver 1493 Hanns Holbein Maler O Mater Nobis Miserere" (o Mutter, erbarme dich unser).[10] Die Voranstellung des Namens des Bildhauers vor jenem des Malers gibt zu erkennen, dass Michel Erhart Träger des Auftrags war, zu dessen malerischer Ausführung er Hans Holbein d. Ä. hinzugezogen hatte.[11]

Wohl schon 1490 beginnend hat Michel Erhart den mit 1493 und 1494 zweimal datierten Chor- und Hochaltar für das Kloster Blaubeuren abgeschlossen.[12] Der vorzüglich erhaltene Blaubeurer Altar wird als eines der großen Haupt- und Meisterwerke der schwäbischen Spätgotik gerühmt. Ebenfalls mit der Jahreszahl 1494, zusätzlich aber noch mit der Signatur des Bildhauers, ist das monumentale Kruzifix der Michaelskirche von Schwäbisch Hall versehen. In Verbindung mit letzten Worten Jesu am Kreuz findet sich in die Gesamtinschrift integriert mit der Jahresangabe der volle Namen „Michel Erhart".[13]

Nach der Wende zum 16. Jahrhundert bezeugen die Archivalien in der Zeit von 1508 bis 1512 Arbeiten wie zwei Engel für St. Ulrich und Afra in Augsburg.[14] Das einzig sichere Alterswerk belegen die Ratsprotokolle Ulms und die Verträge mit der Stadt, als er 1516 bis 1518 mit der Errichtung eines überdachten „Ölbergs" mit den Skulpturen Christi und der Apostel betraut wurde.[15]

Die letzte, das Leben Michel Erharts betreffende Nachricht stammt vom 8. Dezember 1522. „Meister Michel, bildhawern" wird eine städtische Rente gewährt.

Werke von Michel Erhart befinden sich u. a. in der Skulpturensammlung der Staatlichen Museen in Berlin, in der Städtischen Galerie Liebighaus Frankfurt a. M., im Badischen Landesmuseum Karlsruhe, im Viktoria and Albert Museum in London, im Bayerischen Nationalmuseum in München, im Germanischen Nationalmuseum Nürnberg, im Dominikanermuseum Rottweil, im Fürstlich Hohenzollerischen Museum Sigmaringen, im Landesmuseum Württemberg Stuttgart, im Ulmer Museum, im Kunsthistorischen Museum in Wien.

[1] Deutsch 1977 (1984), 307.
[2] Der mit Michel Erhart geschlossene Werkvertrag für die Skulpturen des Ulmer Hochalters bei Gerhard Weilandt, Die Quellen zur Chorausstattung des Ulmer Münsters 1467–1504, in: Ausst. Kat. Ulm 2002, 39f.
[3] Vgl. Broschek 1973, 30; Weilandt (Anm. 23), 40.
[4] Miller 2002, 334. – Der Text des Kontraktes bei Broschek 1973, 204 III.
[5] Vgl. Rundel 1990, 306; Miller 2002, 334; Aust. Kat. Ulm 2002, 276ff. – Zur „Schutzmantelmadonna" als für die Bildschnitzkunst Michel Erharts repräsentatives Werk vgl. Baxandall 1985, 173–181. – Seit der Zuschreibung dieser zuvor mit dem Bildhauer Friedrich Schramm in Verbindung gebrachten Madonna durch Gertrud Otto 1943 an Michel Erhart wird immer wieder die Meisterfrage diskutiert. Zuletzt Hartmut Krohn, Die Ravensburger Schutzmantelmadonna und das Problem um Michel Erhart, in: Aust. Kat. Ulm 2002, 22–35. – Affirmativ zur Urheberschaft Michel Erharts und der Ravensburger Provenienz Miller 2002, 334. – In der Frömmigkeit der Diözese Rottenburg-Stuttgart erfährt das Bildwerk, obwohl in Ravensburg nur als Kopie vergegenwärtigt, immer noch eine bedeutsame Beachtung. – Vgl. Miller 1989, 104, 110.
[6] Miller 2002, 334; vgl. Miller 1971, 50: Allein „die Muttergottes gehört zu den hervorragendsten Leistungen der schwäbischen Skulptur der Spätgotik."
[7] Vertragstexte der Jahre 1485 bis 1487 bei Broschek 1973, 205f. VII bis X.
[8] Vgl. Broschek 1973, 28 und Vertragstext ebenda, 207 XII.
[9] Vgl. ebenda, 28f.
[10] Vgl. Ausst. Kat. Augsburg 1965, 64 Nr. 10; Broschek 1973, 28.
[11] Vgl. Alfred Schädler, Oberschwäbische Bildhauerkunst der Zeit Hans Holbeins des Älteren, in: Ausst. Kat. Augsburg 1965, 43.
[12] Datierungen tragen die Rückseite des „Dreikönig-Reliefs" (1493) und die Schreinrückwand (1494). – Vgl. Anne Moraht-Fromm, Der Hochaltar. Einführung, in: Moraht-Fromm – Schürle (Hgg.) 2002, 131 und 262 Anm. 2; Heribert Meurer, Michel Erhart und Jörg Syrlin d. J. Skulptur und Aufbau des Retabels, in: Moraht-Fromm – Schürle (Hgg.) 2002, 221.
[13] Vgl. Broschek 1973, 177 Nr. 47.
[14] Vgl ebenda, 208ff. XVIII.
[15] Vgl. ebenda. 211F XX; Miller 2002.

SCHMERZENSMANN

Michel Erhart
Ulm, um 1470
Weidenholz
H 144 _ B 52 _ T 44 cm

Zustand

Schon in der Entstehungsphase wurden die nun gut sichtbaren, senkrecht fallenden Mantelbahnen unterhalb des rechten Unterarms angeleimt und zusätzlich mit geschmiedeten Nägeln befestigt, ebenso das ab etwa Kniehöhe zum Fuß hin schwingende Mantelstück unterhalb des linken Armes. Ursprünglich schon separat gearbeitet und angesetzt ist die rechte Hand. Die Anstückungen sind so angesetzt, „dass die Fugen möglichst unauffällig in Faltentiefen verlaufen. Das rechte Bein ist in Schienbeinhöhe sogar durch Schrägschnitt angestückt, wodurch die Maserung der Anstückung gut in den Werkblock übergeht und dadurch die Fuge fast nicht zu erkennen ist."[1]
Spätere Ergänzungen betreffen die vordere Hälfte des rechten Fußes und alle Finger der rechten Hand. Schwundrisse wurden ausgespänt oder gekittet. Die Dornen der Krone sind eingedübelt und weisen zahlreiche Verluste auf. Die Figur war anfänglich in ihrer Gesamterscheinung auf Holzsichtigkeit angelegt, worauf direkt auf das Holz gesetzte Farbspuren beim Rot der Lippen, der Wundmale, der Blutbahnen und Reste der Augenbemalung hinweisen. Unter den Resten der im 19. Jahrhundert aufgebrachten Fassung mit Steinkreide und einer rosa Farbe fürs Inkarnat des Gesichts sind stellenweise Reste einer Fassung der Barockzeit zu erkennen. Durch wässrige Ablaugung und unsachgemäße mechanische Abnahme der Fassung wurde die Oberfläche geschädigt.

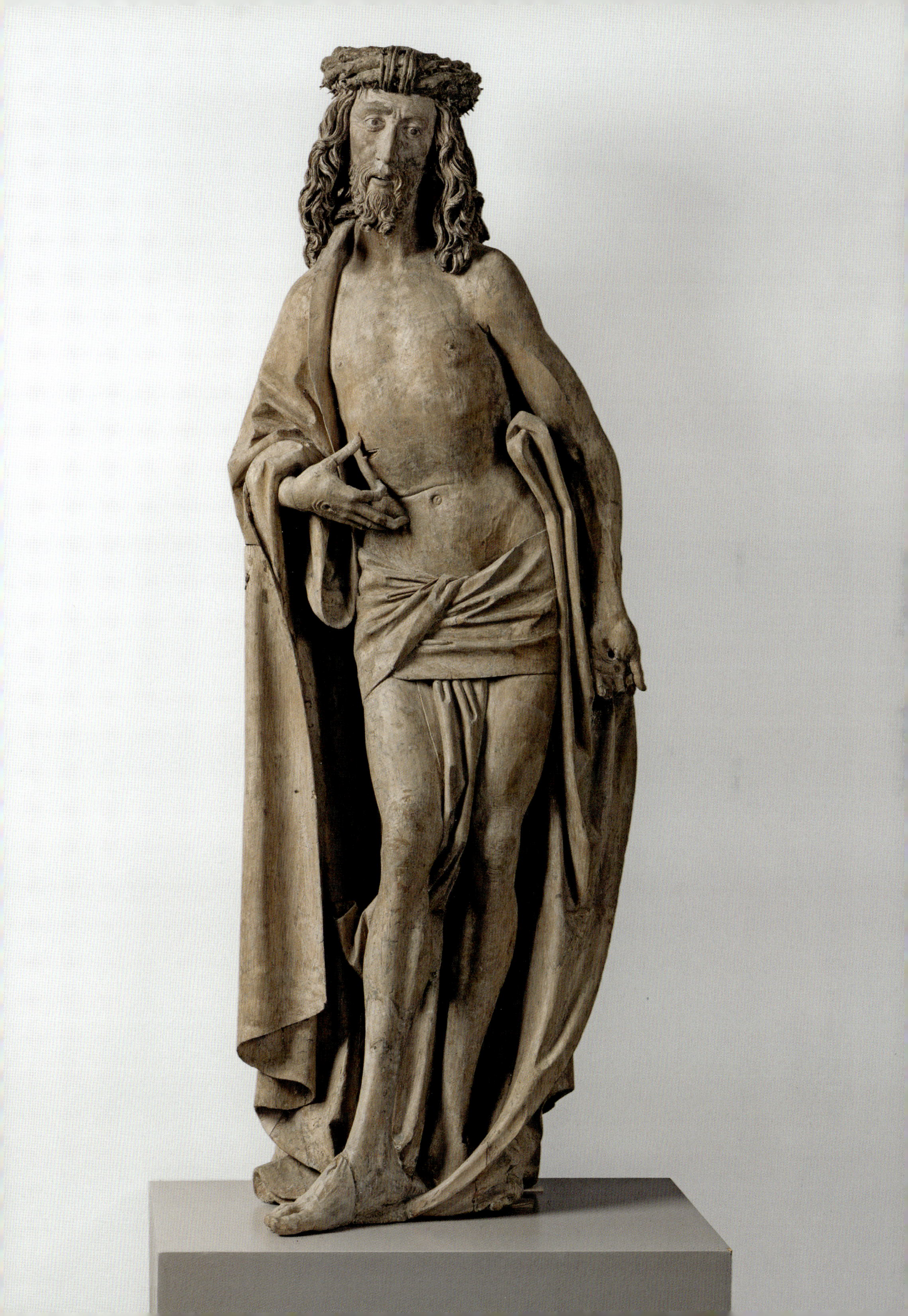

SCHMERZENSMANN 42

Die spätmittelalterliche Passionsfrömmigkeit fand neben der Pietà, dem Bildnis des Leidens und Mitleidens, der Bild gewordenen Passio und Compassio, bei dem die Gottesmutter Maria den von seinen Wundmalen gezeichneten Leichnam ihres am Kreuz gestorbenen und vom Kreuz abgenommenen Sohnes Jesu trauernd im Schoß hält, im Bildwerk des „Schmerzensmannes" ihren kompakten und konzentrierten Ausdruck. „Unter einem Schmerzensmann verstehen wir", formuliert Gert von der Osten in seiner grundlegenden Untersuchung zu diesem Thema, „die künstlerische Darstellung eines Christus, der die Schmerzen der gesamten Passion an sich verdeutlicht."[2] Mehr noch: Ein „Schmerzensmann" verbindet Visionen des Alten Testaments mit den Passionsberichten des Neuen Testaments.

Ein „Schmerzensmann" wie der von Michel Erhart geschaffene bietet in einer einzigen Gestalt eine Ansicht und Anschauung der Totalität des Leidens Christi, angefangen bei den erfahrenen seelischen Demütigungen, den Verspottungen und Schmähungen, über die öffentliche Zurschaustellung des geschundenen Leibes bis hin zu den Zeichen der Passion und des Todes am Kreuz. Zugleich verknüpft ein solches Bildwerk die Prophetie vom Leiden des Gottesknechtes im Alten Testament bei Jesaja mit dem im Neuen Testament von allen vier Evangelisten geschilderten Leiden und dem Kreuzestod Christi.

Aus dem Alten Testament, aus dem vierten Gottesknechtlied bei Jesaja (52,13–53,12), stammt schon der Titel „Schmerzensmann". Dort heißt es vom Gottesknecht: „Er war ein Mann voller Schmerzen, mit der Krankheit vertraut ... er hat unsere Krankheiten getragen und unsere Schmerzen auf sich genommen ... wurde durchbohrt wegen unserer Verbrechen, wegen unserer Sünden misshandelt" (Jes 53,3–5).

Zugleich greift ein „Schmerzensmann", wie der hier betrachtete, die im Spätmittelalter ebenfalls häufig bearbeitete Ecce-homo-Szene der Johannespassion auf. Nachdem Jesus auf Befehl des Pilatus gegeißelt worden war (vgl. Joh 19,1) und die Soldaten ihn anschließend verspottet, ihm „einen Kranz von Dornen" aufgesetzt und „ihm einen purpurroten Mantel" angelegt hatten (Joh 19,2), bringt ihn der Statthalter Roms in Jerusalem in der Absicht, die Kreuzigung vielleicht noch abwenden zu können, vor das wartende Volk und präsentiert den von Wunden übersäten, blutüberströmten Jesus der Menschenmenge. Als Jesus herauskam, trug er „die Dornenkrone und den purpurnen Mantel". Mit den Worten „ecce, homo" – „seht, das ist der Mensch!", im Sinne von „seht, welch ein Mensch!", „seht, er ist schon jetzt ein Zugrundegerichteter!" – stellt er ihn zur Schau. Schließlich spielt als weiterer neutestamentlicher Bezug die Szene der Erscheinung des auferstandenen Christus im Kreis der Apostel im Beisein des ungläubigen Jüngers Thomas in den Bildinhalt herein. Thomas, der den Berichten der anderen Apostel von der Begegnung mit dem aus dem Grab Erweckten und Lebenden nicht zu glauben vermochte, weist Jesus seine Wundmale vor zum Beweis seiner Identität und seiner Auferstehung von den Toten mit der Aufforderung, die Zeichen seiner Passion zu berühren: „Streck deinen Finger aus – hier sind meine Hände! Streck deine Hand aus und leg sie in meine Seite, und sei nicht ungläubig, sondern gläubig!" (Joh 20,27).

In seinem vollen Gehalt und seiner vollen Form entsteht das Motiv des „Schmerzensmanns" im späten 14. Jahrhundert. Es kann „aus dem halbfigurigen nackten Christus der byzantinischen Kunst des 12. Jahrhunderts abgeleitet" werden, „der, im Grabe aufgerichtet, den Tod und seine Überwindung triumphal umfasst."[3]

Als frühes Beispiel gilt der Münchner Schmerzensmann in der Liebfrauenkirche vom Ende des 14. Jahrhunderts.⁴ Die fast lebensgroße, nackte, nur von einem Lendentuch bekleidete und seitlich von einem Mantel umhüllte Figur Michel Erharts steht mit vorangestelltem rechten Bein in einem aus der Schreitbewegung hervorgegangenen Kontrapost. Dies assoziiert schon in der Stellung der Plastik ein Zugehen auf den Betrachter. In der Taille ist der Oberkörper leicht nach vorn geneigt.

Der Mantel hängt an der rechten Schulter, wo er herabfallend zwischen Taille und Unterarm eine Schlaufe ausbildend noch den Ober- und Unterarm bedeckt. Auf der linken Seite jedoch wird der herunter gerutschte Teil des Mantels zwischen Taille und Hüfte vom angelegten linken Arm, die Fallbewegung aufhaltend, am Körper festgeklemmt. Der nackte Arm zeigt mit anatomischem Verständnis, plastisch herausgearbeitet, den Verlauf von Adern unter der Hautoberfläche. Der an Bildern der Kreuzesabnahme erinnernde herabhängende Arm hat zur Präsentation und für die Betrachtung der Nagelwunde die Innenfläche der Hand nach außen gedreht. Um die Hüften ist ein straff gespanntes breites Lendentuch geschlungen, das am Unterleib durchgezogen ist und dessen langes Ende, zwischen den Oberschenkeln entlang verlaufend, schließlich – räumliche Tiefe vermittelnd – hinter das rechte Knie fallend in Wadenhöhe endet. Die ungewöhnliche Länge dieses Hüfttuchs gemahnt an das Leichentuch der Grablegung Christi.

Auf das gegen die leichte Neigung und Drehung des Körpers schräg nach rechts gehaltene Haupt drückt eine schwer erscheinende, aus dichten aneinander gebundenen Ringen von Zweigen geflochtene Dornenkrone. Das gelockte, lange Haar hängt, das Gesicht rahmend, in Bündeln bis zu den Schultern. Das bärtige, von Schmerz gezeichnete Gesicht selbst ist von expressiver Eindringlichkeit und schier unerträglicher Direktheit des Blickes. Die fein eingeschnittenen Fältchen um die Augen vermitteln Schmerz- und Leiderfahrung. In einem Ansatz von

Sprechen ist der Mund leicht geöffnet und lässt die vorderen oberen Schneidezähne sehen. Der Ausdruck des Gesichtes selbst oszilliert zwischen erlittener Passion und einer sich den Betrachtenden zuwendenden und ihnen geltenden, ihnen geneigten Leidenschaft und Passion.

Als Quelle und Vorbilder für die Expressivität dieses Gesichts mögen Kupferstiche Christi als „Erlöser" des Meisters E. S. gedient haben[5]. Die Heranziehung und die Kenntnis des Meisters E. S. besagt nebenbei noch etwas über die künsterliche Entwicklung Michel Erharts, über seine Vertrautheit mit oberrheinischer und niederländischer Kunst. Im Gesicht dieses Frühwerkes eines Schmerzensmannes von Michel Erhart besitzen wir tatsächlich die ins monumentale gewendete Übersetzung von Ansichten Christi als Erlöser wie sie der Meister E. S. im kleinen Andachtsbild entworfen und vorgelegt hat. Das Gesicht Christi ist für sich allein genommen ein „Vera Icon", ein wahres Abbild und Bildnis des Antlitzes Christi. In ihm nähert sich Michel Erharts Bildhauerkunst der Malerei.

Im Bildwerk umfasst die rechte Hand des angewinkelten Arms mit gespreizten Fingern die Seitenwunde. Mit dieser Betonung, mit diesem Herausstellen, dieser Akzentuierung der Seitenwunde begegnet uns ein ein weiterer, höchst bedeutsamer Aspekt dieser Erhartschen Version des Schmerzensmannes. Er reiht sich damit eine in die Klasse und den Typus des seine Wundmale weisenden Schmerzensmanns mit der besonderen Geste der Betonung der Seitenwunde durch die rechte Hand.[6] Dieser Typus erhielt nicht zuletzt in den Ulmer Versionen von Hans Multscher und von Michel Erhart, der die von Multscher in dessen Schmerzensmann am Westportal des Münsters 1429 begonnene Traditionslinie aufgreift und fortführt[7], eine akzentuierte inhaltliche Bestimmung. In ihren Bildwerken geben die beiden Ulmer Meister der Sonderstellung der Seitenwunde, welche diese in der theologischen Exegese wie in der Mystik und Frömmigkeit des Mittelalters gewonnen hat, ihren eigenen künstlerischen Ausdruck und Gehalt.

Die Wundenmystik besitzt ihre Anfänge in der Auslegung des Hohenliedes durch Papst Gregor den Großen († 604). Der Kirchenvater deutet die Stelle der Vulgata-Übersetzung, „meine Taube soll nisten in den Löchern des Felsen, in der Höhle der Mauer"[8], auf Christus und die Seele. Die Löcher des Felsens und die Höhle der Mauer werden als die Wunden Christi interpretiert, während in der Taube ein Bild für die Seele des Menschen gesehen wird.[9]

Das Herausstellen der Seitenwunde Christi gründet theologisch in ihrer Deutung als Geburtsstätte der Kirche. So erklärt der Kirchenvater Augustinus (354–430), dass aus der durch Lanzenstich bei der Kreuzigung geöffneten Seite Jesu Blut und Wasser herausgeflossen sind (vgl. Joh 19,34), welche „wir als die Sakramente kennen, durch die die Kirche auferbaut wird."[10] Und in den Sentenzen des Petrus Lombardus († 1160), einem für die gesamte scholastische Theologie grundlegenden Werk, heißt es im Anschluss an Augustin, gleich wie „die erste Frau aus der Seite des schlafenden Mannes gebildet worden" sei, sei „die Kirche aus den Sakramenten hervorgegangen, die aus der Seite des am Kreuz entschlafenen Christus flossen."[11]

Von diesem Kontext her gesehen, bedeutet die Handhaltung bei Michel Erhart nicht nur einen Hinweis für die Seele des Betrachters, gleich der Taube im Hohenlied, die in den Felslöchern Schutz erfährt, in der Betrachtung des Leidens Christi und seiner Wunden, insbesondere in seiner Seitenwunde Ruhe und Geborgenheit zu finden und zugleich, insofern letztere den Ursprung der Kirche und ihrer Sakramente bedeutet, bei dieser und ihren Heilsmitteln Zuflucht zu suchen. Von der Symbolik der Seitenwunde als Kirche versinnbildlicht der Handgriff Christi in Erharts Schmerzensmann gerade das Umgreifende und Schützende. Und in einem allgemeineren Sinn wird Christus als der seine Kirche Umgreifende angedeutet.

Als Andachtsbild ist das Bildwerk von Michel Erharts Schmerzensmann auf die andächtige, auf das Leiden Christi in all seinen Phasen und Tiefen sich vergegenwärtigende Anschauen ausgerichtet, wobei das Bildwerk in sich schon dieses Vergegenwärtigen verkörpert. Die spirituelle Tiefe solch anschauenden äußeren und inneren Betrachtens liegt im Prozess des Geprägtwerdens vom Gesehenen und Betrachteten. Als beeindruckendes hinterlässt das Kunstwerk seinen Eindruck, hinterlässt es eine Spur beim Betrachter und der Betrachterin. Eindruck aber ist Prägung. So ist mit dem andächtigen Betrachten eine „Verähnlichung" verbunden[12], kommt es zu einer Aneignung, ein Sich-zu-Eigen-Machen seitens der Betrachtenden. Das Betrachten ist damit eine Form der „Imitatio Christi", eine Form des sich Annäherns an Christus, eine Weise des ihm Ähnlichwerdens, des Entsprechens Christi gemäß dem Ideal des heiligen Paulus, der von sich sagen konnte: „...nicht mehr ich lebe, sondern Christus lebt in mir" (Gal 2,20). In dieser substantiellen Dimension christlicher Spiritualität gründet das Andachtsbild des Spätmittelalter und insbesondere dieser Schmerzensmann von Michel Erhart.

Doch man sähe den vorgestellten Schmerzensmann nur unvollkommen, hörte man nicht den Schluss des vierten Gottesknechtliedes bei Jesaja: „Nachdem er so vieles ertrug, erblickte er das Licht und wird erfüllt von Erkenntnis. Mein Knecht ist gerecht, darum macht er viele gerecht; er nimmt ihre Schuld auf sich. Darum gebe ich ihm seinen Anteil unter den Großen" (Jes 53,11–12). Diese Spannung von Erniedrigung und Größe, von Leiden und innerer Herrlichkeit hat Michel Erhart seinem Schmerzensmann mitgegeben.

Literatur:
Miller 1981, 1956–1958. – Ausst. Kat. Stuttgart 1985, 100f. Nr.14. – Meurer 1985, 3545. – Deutsch 1985, 14 Anm. 50. – Köpf 1997, Tafel 3 Abb. 6. – Ausst. Kat. Ulm 2002, 87 mit Abb. 66 S. 88, 220f. mit Abb. 221 und 243–245 Nr. 8. – Ausst. Kat. Augsburg 2010, 219 Nr. M 7.

[1] Evamaria Popp, Die Skulpturen Michel Erharts und seines Kreises. Technologische Beobachtungen, in: Ausst. Kat. 2002, 220 f mit Abb. 221.
[2] Osten 1935, 5.
[3] Ebenda, 1; vgl. Panofsky 1927, 196 ff.
[4] Vgl. Osten 1935, 76.
[5] Vgl. die Wiedergaben bei Appuhn 1989, 56 und 57 (Lehrs 57 und 56).
[6] Zu diesem Typus vgl. Osten 1935, 78ff.
[7] Zum Schmerzensmann am Westportal des Ulmer Münsters vgl. Ulrich Söding, Die Bildwerke Hans Multschers, in: Ausst. Kat. Ulm 1997, 35–40.
[8] Übers. W.U. – Hld 2,14: „...columba mea, in foraminibus petrae, in caverna maceriae".
[9] Greg Magn Super Canticum 2,15 (PL 79,499D).
[10] Aug De civ (PL 41,778f): „...latus lancea perforatum est atque inde sanguinis et aqua defluxit, quae sacramenta novimus, quibus ecclesia aedificatur."
[11] Petrus Lomb 2 Sent 18,3,2: „...sicut mulier de latere viri dormientis formata, ita ecclesia ex sacramentis, quae de latere Christi in cruce dormientis profluxerunt."
[12] Ich übernehme hier den Begriff aus dem Untertitel der Untersuchung „Imago Pietatis" von Büttner 1983. – Erwin Panofsky hat 1927 das Andachtsbild in seiner dialogischen Funktionsform entdeckt, in der belebten und belebenden Beziehung, in welche es mit dem jeweils Betrachtenden tritt. – Vgl. Panofsky 1927, 221; Belting 1981, 69ff.

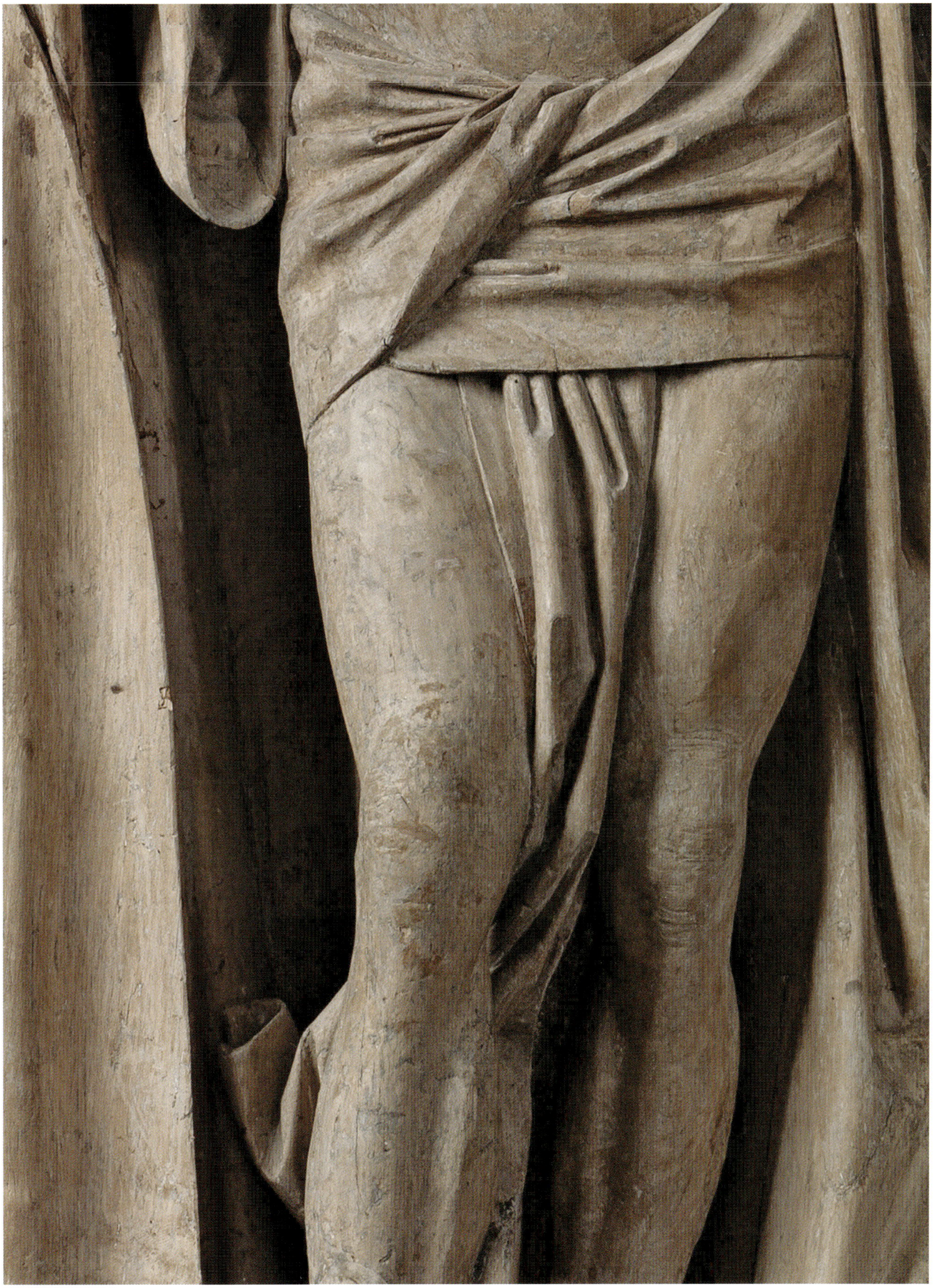

HEILIGER MÖNCH

Reliquienbüste

Michel Erhart (Umkreis)
Ende 15. Jh.
Linde, dreiviertelrund, ausgehöhlt, Originalfassung
H 31 _ B 29 _ T 15 cm

Zustand

Die Unterseite der Büste wurde in jüngerer Zeit abgesägt, weswegen das Bildwerk ursprünglich einige Zentimeter höher gewesen sein muss und eventuell einen Sockel besaß. Eine Astverwachsung am Hals wurde mit Kitt kaschiert, der zum Teil wieder ausgebrochen ist. Im Kopf befindet sich ein zugekittetes Loch, die kleine Stirnlocke ist leicht bestoßen. Die Schwundrisse in der Höhlung der Büste wurden teilweise ausgespänt, teilweise mit Kitt verschlossen. Vor allem im Bereich des Kragens weist das Reliquiar Anobienbefall auf.
Die Außenseite der Mönchskutte ist polimentvergoldet, die Innenseite wurde mit Azurit gefasst. Die Reliquienhöhlung im Brustbereich ist mit schwarzer Farbe ausgemalt. Vom ursprünglichen Inkarnat sind nur noch der Kreidegrund und wenige Reste in den Vertiefungen der Augenfalten vorhanden. Wangen und Lippen zeigen Spuren einer roten Fassung. Die Büste erhielt nachträglich einen einheitlichen, braunen Farbüberzug, der im Gesicht und an der Außenseite des Gewandes wieder abgenommen wurde. Unter der nachträglichen Übermalung befindet sich die originale, braune Fassung der Haare.
Auf der Rückseite der Reliquienbüste wurde in Schulterhöhe ein Eisenhaken eingeschlagen, an dem das Auktionsschild der Sotheby's-Versteigerung von 1979 befestigt ist. Auf Stationen der Provenienz verweisen österreichische Stempel (Zoll Salzburg, Ausfuhrgenehmigung) auf der Standfläche.

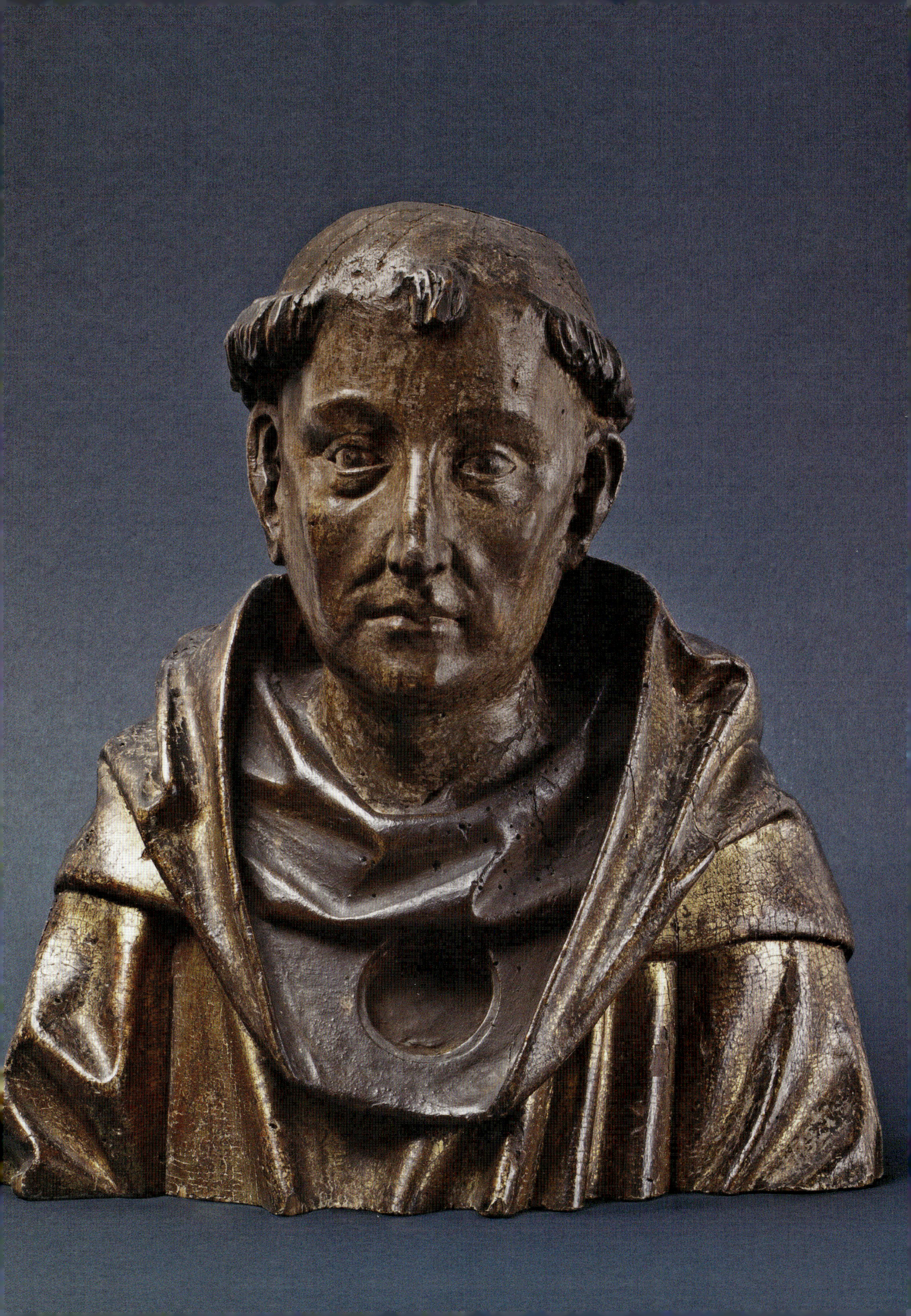

Das aus Lindenholz gefertigte Büstenreliquiar stellt einen tonsurierten Mönch dar. Er trägt eine an Benediktiner- oder Zisterzienserhabit erinnernde Kutte mit Kapuze und weit herabfallendem Kragen. In der Brust befindet sich die runde Öffnung für ein ehemaliges Reliquiendepositum, das durch den faltenlosen Stoff des unteren Kragenbereiches inszeniert wird. Ursprünglich war der Oculus durch Glas oder Bergkristall verschlossen, sodass die verlorenen Reliquien des Heiligen zwar sicher geborgen, den Gläubigen aber dennoch sichtbar waren.

Kopf- beziehungsweise Büstenreliquiare sind seit dem 9. Jahrhundert überliefert.[1] Während die frühen anthropomorphen Reliquiare nur das Haupt eines Heiligen darstellten, überwiegen seit dem 12. Jahrhundert Reliquienbüsten mit einer im Brustbereich eingefügten Heiltumskapsel. Im Verlauf des 13. Jahrhunderts fand die Gattung eine immer größere Verbreitung, was nicht zuletzt mit der Ausweitung des Ursulakultes und der Anfertigung zahlreicher Ursulabüsten zusammenhing.[2] Ein Großteil der Reliquiare bestand aus kostbaren Edelmetallen und wies einen Schmuckbesatz aus Goldfiligran und Edelsteinen auf. Das kostbare Material wurde als Veranschaulichung der *virtus* (Tugend) der sinnlich nicht als heilig erfahrbaren Reliquien und damit als Authentifizierung des Heiligen verstanden.[3] Die spätmittelalterlichen Büsten setzen sich von den idealisierten und recht einheitlichen Ursulareliquiaren deutlich ab. Dies betrifft zum einen den Maßstab der Reliquiare, die seit der Karlsbüste (1349) im Aachener Domschatz eine beachtliche Größe besitzen konnten; zum anderen kann die Tendenz zu einem anatomisch orientierten Gesamtaufbau und zu einer naturalistischen Gesichtsbildung festgestellt werden.[4]

Physiognomische Details sowie asymmetrische und damit individualisierte Gesichtszüge weist auch die hiesige Mönchsbüste auf. In dem asketisch schmalen Gesicht treten die Wangenknochen deutlich hervor. Um die auf den Betrachter gerichteten, ernsten Augen legen sich kleine Falten. Die Lippen des Heiligen sind markant geschnitten, die Mundwinkel leicht nach unten gezogen. Ein kleiner Höcker verleiht der Nase einen charakteristischen Zug, tiefe Nasolabialfalten geben dem Gesicht einen Anflug von Melancholie. Die Ohren weichen in Größe und Form voneinander ab. Mit diesen veristischen Einzelmomenten will die Büste den Eindruck eines individuellen Heiligenporträts vermitteln, das sich von den schematisch schönen Büsten der Gotik deutlich unterscheidet.

Das Büstenreliquiar wird dem Umkreis des Bildhauers Michel Erhart (nachweisbar 1469–1522) zugeschrieben. Die physiognomischen Übereinstimmungen mit einzelnen Bildwerken des Ulmer Künstlers – etwa den vier männlichen Heiligen aus dem ehemaligen Schrein des Kaufbeurer Hochaltars (um 1475/80) – stützen diese stilistische Einordnung.[5] Auch bei diesen Figuren fallen die anatomischen Feinheiten der Gesichtsbildung auf. Michel Erhart wurde, wie schon vor ihm Hans Multscher (um 1400–1467), durch den niederländischen Realismus geprägt, dessen einflussreichster Vertreter Niklaus

Gerhaert von Leyden (um 1430–1473) war.⁶ Dessen verräumlichende und naturalistische Skulpturauffassung prägte die nachfolgenden Generationen von Bildhauern im süddeutschen und österreichischen Raum nachhaltig. Unabhängig von der Stilfrage erzielten die als Individuen gestalteten Heiligenfiguren eine andere Wirkung als die streng schematischen und uniformen früheren Reliquiare. Durch die lebensgroßen, porträthaften Büsten konnten die Heiligen als „personales Gegenüber" und „handlungsfähige Kommunikationspartner" wahrgenommen werden.⁷ Damit entsprachen sie der im Spätmittelalter immer wichtiger werdenden Rolle als individuelle Fürsprecher am Tag des Gerichts. Denn während die Memorialvorsorge lange Zeit im monastisch rituellen Bereich lag, wurden mit der Individualisierung des Gebetes und des individuellen Gerichts die Heiligen als aktive Fürsprecher immer wichtiger.⁸

Die Büste des heiligen Mönches, die aufgrund ihrer rückseitigen Höhlung wahrscheinlich zur permanenten Ausstattung eines Altares gehörte, rezipierte mit ihren Verismen zum einen die stilistischen Innovationen der spätmittelalterlichen Bildhauerei; ihre realitätsnahen Details transportierten zum anderen aber auch die Wirkungsmacht des Heiligen, der in der Reliquie anwesend war.

M.P.

Literatur:
Kat. Sotheby's 1979, 49, Nr. 87. – Ausst. Kat. Rottweil 1995, 26ff., Nr. 7.

1 Allgemein zur Entwicklung der Reliquiargattung siehe Kovács 1964; Souchal 1966; Falk 1991/1993; Drake Boehm 1997.
2 Zu den Ursulabüsten siehe Bergmann 1989, bes. 32–41; Bergmann 1992; Schulze-Senger/Hansmann 2005.
3 Der einzige mittelalterliche Reliquientraktat mit dem Titel „Flores epytaphii sanctorum" des Thiofrid von Echternach (Abt 1081–1110) verteidigt im zweiten der insgesamt vier Bücher die Pracht der kostbaren Reliquiare, die er – wie die Reliquien selbst – als Medien der Heilsvermittlung versteht. Ihr Gold und ihr edles Gestein seien Metaphern für die Tugenden der Heiligen, die im Paradies Teil des Himmlischen Jerusalems seien: „Nam ut intellectum pretereamus allegoricum quare secundum litteram omnis lapis preciosus et aurum non sit eorum operimentum qui in abundantia virtutum ingrediuntur sepulchrum (Iob 5,26), qui reges et consules terrae aedificant sibi solitudines (Iob 3,14) per tranquillae mentis studium, et possident sapientiae aurum et diuini eloquii argentum igne examinatum (Ps 11,7)? Nimirum electi dei sunt vasa auri excelsa et eminentia quae non computantur pro aeterna dei sapientia, ipsi topazion ex Aethiopia, ipsi aurum mundum (Iob 28,17–19) unde condita est ipsa (…) civitas uranyca (…)" („Denn, um die allegorische Interpretation beiseite zu lassen, warum sollten diejenigen buchstäblich von allen kostbaren Steinen und von Gold nicht bedeckt werden, die in voller Tugendreife in das Grab gehen, die sich als Könige und Ratsherren der Erde durch den Fleiß ihres ungetrübten Geistes einsame Stätten bauen und das Gold der Weisheit und das im Feuer geläuterte Silber des Wortes Gottes besitzen? Nicht überraschend sind die Auserwählten Gottes hohe und erhabene Geräte aus Gold (…), sie sind der Topas aus Äthiopien, sie sind reines Gold, mit dem die himmlische Stadt gebaut (…)."); zit. n. Ferrari 2005, S. 67f. Zum medialen Charakter der Reliquiare siehe auch Reudenbach 2001.
4 Zur Karlsbüste siehe Grimme 1972, 88ff., Nr. 69; Fritz 1982, 252, Nr. 471; Minkenberg o. J. [2006].
5 Zum Hochaltar von Kaufbeuren siehe Ausst. Kat. Ulm 2002, 271–274, Nr. 22.
6 Zu Niklaus Gerhaert von Leyden vgl. „Straßburger Frari-Meister", oben, 31.
7 Beuckers 2008, 129.
8 Vgl. Beuckers 2008, 145–150.

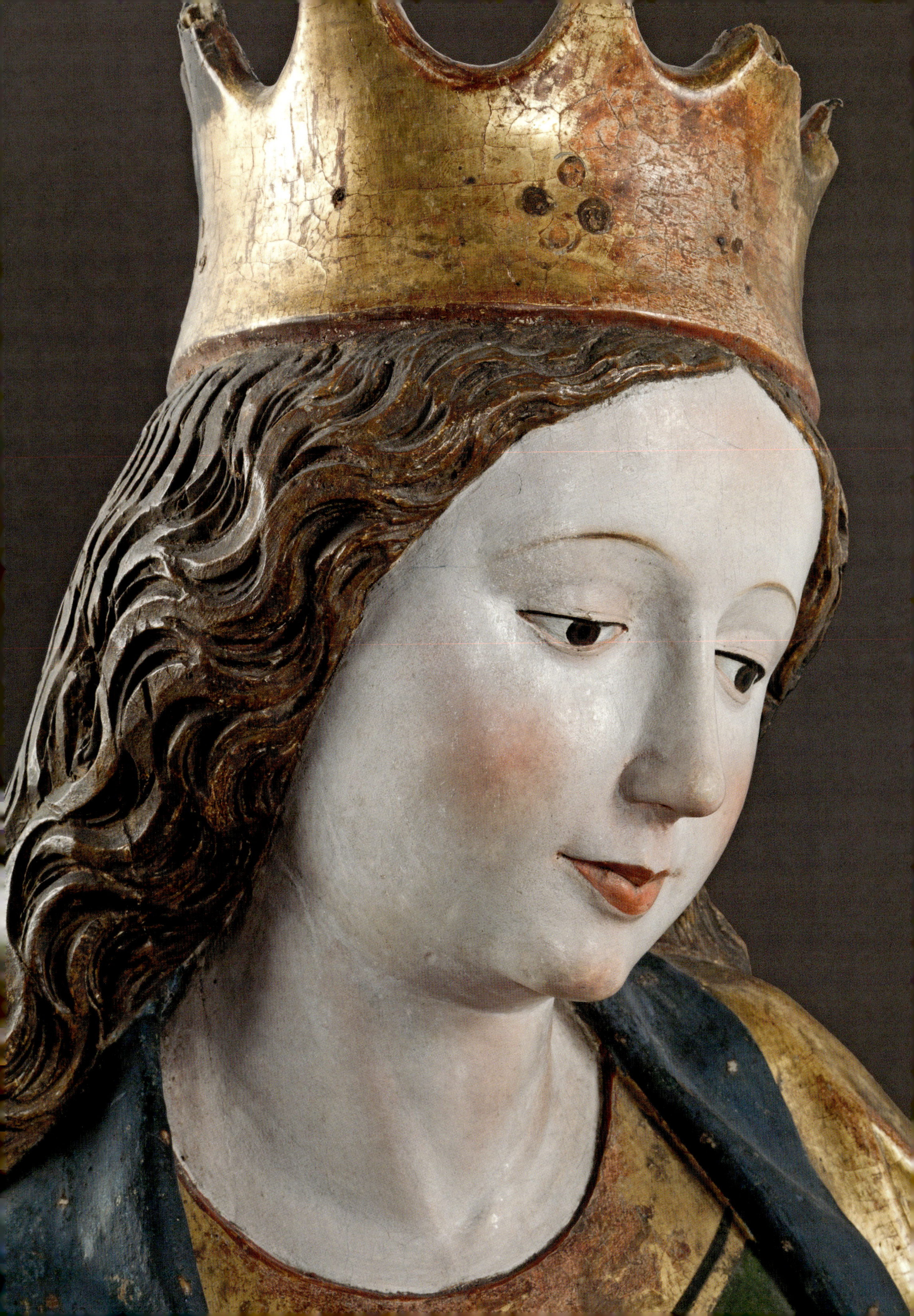

JÖRG STEIN

Jörg Stein ist ein schon zu Zeiten Hans Multschers (um 1400–1467) in Ulm arbeitender Bildhauer und in der Freien Reichsstadt 1453 bis 1491 nachweisbar. Das früheste von ihm erhaltene Werk „ist eine kleine, angeblich aus dem Odenwald stammende weibliche Heilige im Mainfränkischen Museum in Würzburg."[1] Sie trägt Meisterzeichen und die Jahreszahl 1457. In gleicher Weise ist die Plastik eines hl. Sebastian im Bayerischen Nationalmuseum in München durch Meisterzeichen und die Jahreszahl 1457 signiert und datiert.[2] Beide Werke lassen die Schulung an Multscher erkennen und wiederholen Gewandstrukturen von Skulpturen von dessen 1458 vollendetem Sterzinger Altar. Die gleichen Stilverwandtschaften offenbaren die Gesichtsbildungen dieser Skulpturen.

Das Hauptwerk des im Multscher-Umfeld und der Multscher Nachfolge stehenden, durchaus auch Eigenes an den Tag legenden Jörg Stein entsteht im 1469 vollendeten, zusammen mit dem Ulmer Maler Hans Schüchlin (um 1430–1505) vollendeten Choraltar von Tiefenbronn. Die Abrechnungen für den von Jörg Stein realisierten, im Bildersturm niedergerissenen Hochaltar für das Kloster Lorch erfolgen 1484.

HEILIGE KATHARINA VON ALEXANDRIEN

Jörg Stein (Werkstatt)
Ulm, um 1470
Weide, originale polychrome Fassung
H 123 _ B 42 _ T 24 cm

Zustand

Die Figur bietet den seltenen Fall einer fast vollständig erhaltenen Originalfassung.[3] Zu den Besonderheiten des Aufbaus und der Anlage der Fassung gehört, dass alle vergoldeten Flächen mit Leinwand unterklebt sind. Hier ist die weißliche Grundierung dicker aufgetragen und zeigt Spuren mechanischer Glättung. Die Kerben mancher Fingerkuppen und die Fältchen an den äußeren Augenwinkeln sind in die Grundierung eingeritzt.

Mantel, Saum des Kleides und Krone sind auf bräunlich-rotem Bolus glanzvergoldet. Nicht unmittelbar einsehbare Bereiche wie Faltentiefen sind mit Zwischengold belegt. Auf das zweifach mit Azurit beschichtete Futter des Mantels sind ausgeschnittene, kleine, plastische, vergoldete, teilweise abgefallene Sternchen geklebt. Das leuchtend grün gefasste Kleid besitzt Zierflecken aus vergoldetem Pressbrokat, dessen Muster grün ausgemalt ist.

Mehrschichtig ist die Fassung des Inkarnats an Gesicht und Händen aufgebaut. Die Modellierung von Wangen, Augenlidern, Kinn etc. erfolgte durch nass in nass aufgetragene Lasuren. Die Haare sind auf bräunlichem Anlegemittel mattvergoldet. Aufgemalte weiße Äderungen auf schwarzem Grund am Sockel wollen Marmor imitieren, wobei das Ganze abschließend mit einer roten Lasur überzogen wurde.

Die Figur ist aus einem Weideblock geschnitzt, nur das Schwert ist angestückt. Rückseitig ist die Figur tief bis in den Kopf hinein gehöhlt, der zusätzlich spechtlochartig tief ausgehöhlt ist. Von der Einspannung rührt ein im Kopf mit Holzdübel verschlossenes Loch.

Die Spitzen der Kronzacken sind abgebrochen. Verloren sind ehemals plastische Verzierungen auf der Krone und am Halsaum des Kleides, ebenso die plastischen, aus Metall gefertigten Nimbusstrahlen. Am Hinterkopf befindet sich noch die Scheibe, welche die Strahlen bündelte. Der gebrochene Schwertknauf ist wieder angeleimt worden, der nach vorn ragende Teil der Parierstange und Teile des Rades fehlen. Bestoßungen gibt es an Gewand und Bucheinband.

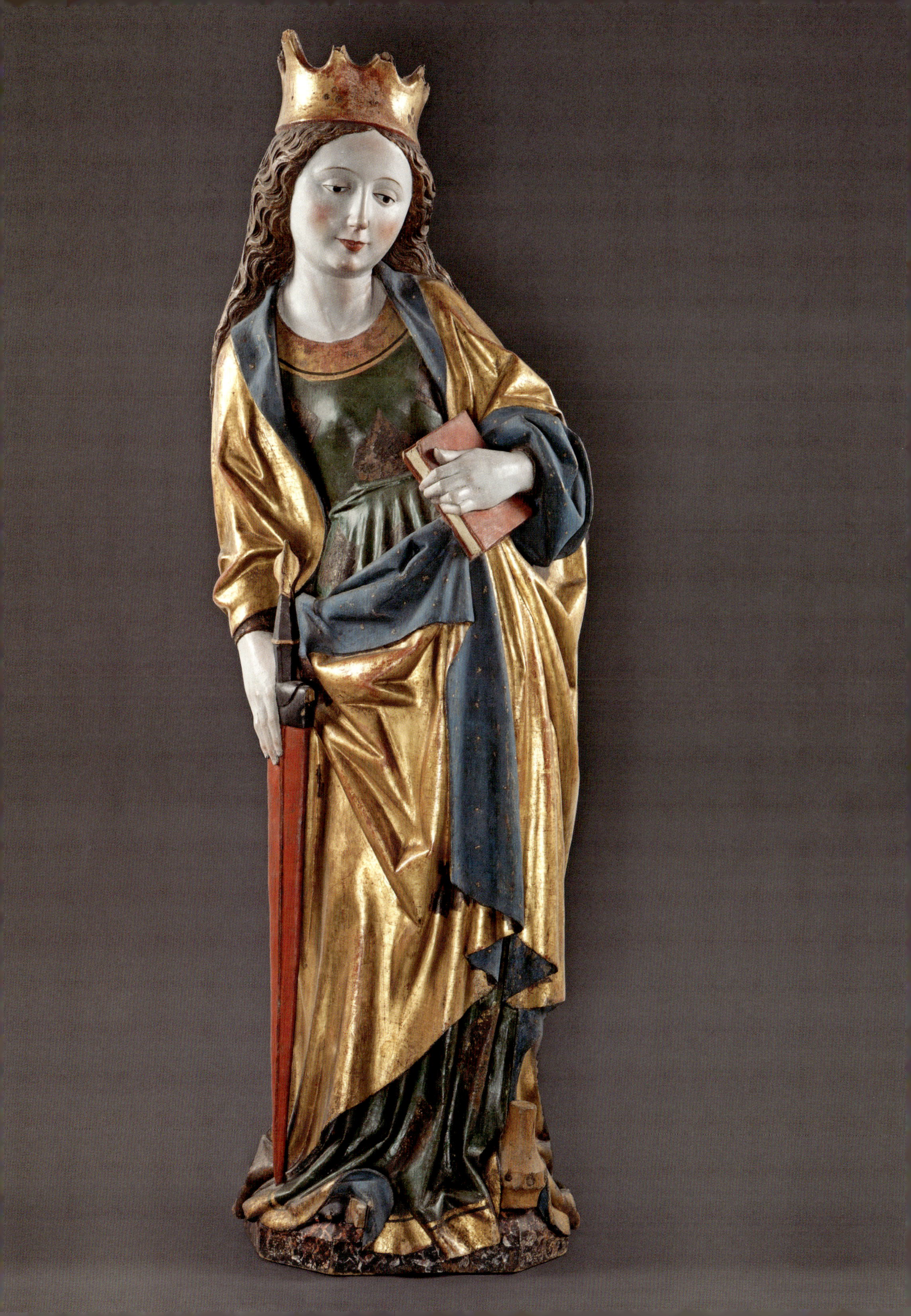

Schwert, Buch und insbesondere die auf der Plinthe liegende Radnabe bestimmen die in der Holzfigur vorgestellte gekrönte weibliche Heilige als Katharina von Alexandria. Mit der einen Hand stützt sich Katharina auf den Griff des Schwertes, während sie mit der anderen, der linken, das Buch hält, wobei sie zugleich, ein Stück des über den Unterarm gelegten Mantels festklemmend, an sich drückt. Diese Aktionen bedingen die leichte Linksneigung und die s-förmig schwingende Körperhaltung der Frauengestalt. Die Gewandfalten bilden einerseits in flach gehaltenen Röhren langgezogene Kurven. An der Hüfte und um den linken Unterarm beim Umschlagen von der Außen- zur Innenseite zeigen sie dichte, rundbauschige Formen, während sie in den Flächen spitzwinklige Strukturen aufweisen.

Das die jugendlich-lebendig wirkende Erscheinung auszeichnende prächtige, lange Haar fällt unter der Krone hervorquellend tief über die Schultern herab. Der lange, außen goldene, innen blaue, mit goldenen Sternchen besetzte Mantel reicht seitlich bis zu den Füßen herab. Oberhalb der Taille hat sich der Sternenmantel auseinander fallend geöffnet und gibt den Blick frei auf das unterhalb der zarten Büste hoch gegürtete Kleid mit seinem goldgesäumten runden Halsausschnitt. Das linksseitige Hochziehen und Raffen des Mantels lassen nicht nur durch Umschlagen des Tuches das Blau seines Futters erscheinen, durch die Anhebung wird auch der gleichfalls goldgesäumte untere, auf der Plinthe in Falten aufstehende Teil des Kleides sichtbar, unter denen die Spitze des rechten Schuhs hervortritt.

Der hagiographischen Überlieferung nach, wie sie die „Legenda aurea" im 13. Jahrhundert festhält, war Katharina von Alexandrien, weshalb sie häufig wie in unserem Beispiel mit Krone dargestellt wird, die Tochter des Königs Costus. Gleich die ersten Aussagen zu ihrer Person schildern sie als gelehrte, in den Freien Künsten (artes liberales) gebildete junge Frau.[4] Die sieben Freien Künste umfassen nach einem schon in der Spätantike ausgebildeten Kanon die Disziplinen der Grammatik, Logik und Rhetorik, der Arithmetik, Geomerie, Astronomie und Musik. Als der römische Kaiser Maxentius zu einer großen heidnischen Opferhandlung rüstete und die Christen zwingen wollte ebenfalls den römischen Göttern zu opfern, griff Katharina ein und trat, sich selbst als Christin bekennend, vor Maxentius. Obwohl sie „in Purpur geboren" sei – hier verwendet die Legenda die byzantinische Bezeichnung für königliches Geblüt –, erklärte die „in den freien Wissenschaften" bewanderte Tochter des Königs Costus, verachte sie allen heidnischen Kult und habe sich dem „Herrn Jesus Christus angeschlossen."[5]

Der Kaiser will nun Katharina von seiner Position überzeugen, indem er fünfzig Gelehrte aus allen Regionen des Reiches zusammenruft, damit sie mit Katharina disputieren und die Aussagen des christlichen Glaubens widerlegen. Doch die jugendliche Gelehrte überzeugt umgekehrt die herbeigeholten und um sie versammelten Philosophen von der Wahrheit des Christentums und des Glaubens an „einen einzigen, wahren Gott allein."[6]

Da Katharina auf gütliche Weise nicht von ihrem Glauben abgebracht werden konnte, wurde sie ins Gefängnis geworfen und schweren Martern unterworfen. Da sie sich weiter standhaft weigerte, ihrem Glauben abzuschwören, sollten Räder sie zerfleischen und ihre Gebeine brechen. Da „erflehte sie im Gebet zum Herrn, er möge zum Lob seines Namens und zur Bekehrung der Umstehenden das Machwerk vernichten. Und siehe, der Engel des Herrn zerschlug das Rädermühlwerk mit so gewaltiger

Wucht, dass noch viertausend Heiden in den Tod gerissen wurden."⁷ Maxentius gab darauf den Befehl, die Jungfrau zu enthaupten.

Schwert und vor allem ein meist zerbrochenes Rad, für welches in unserem Bildwerk die Radnabe steht, werden daher Kennzeichen der hl. Katharina von Alexandrien. Auf ihre Gelehrsamkeit und ihre Disputationskunst bezieht sich das ihr ebenfalls häufig beigegebene Buch. Die mehrfach in ihrer Lebensbeschreibung als in den Wissenschaften, vor allem in den philosophischen Disziplinen als kundig und erfahren gepriesene Katharina von Alexandrien wird im Mittelalter zur Patronin der Wissenschaft und der Universitäten, insbesondere der Artistenfakultäten, der philosophischen Fächer.

Von ihren Widersachern Maxentius (306–313) oder auch Maximinus Daia (305–313) als historischen Bezugspunkten her kann ihre Lebenszeit in den Anfang des 4. Jahrhunderts gelegt werden und ihr Martyrium in das Intervall 306 bis 313.⁸ Über das Katharinenkloster am Sinai, wohin der Legende zufolge Engel den Leichnam nach der Enthauptung brachten,⁹ war Katharina sehr früh im Osten, im byzantinischen Kulturraum kultisch beheimatet. Im 11. und 12. Jahrhundert kam ihre Verehrung nach Frankreich und Deutschland und gewann, gefördert durch die Kreuzzüge, rasch solche Verbreitung, so dass sie seit dem 13. Jahrhundert zusammen mit Barbara und Margareta zu den meist verehrten heiligen Jungfrauen (virgines capitales) zählt und seit dem 14. Jahrhundert im Kreis der Vierzehn Nothelfer zu finden ist. Sie wird angerufen bei Zungenleiden, Sprach- und Sprechschwierigkeiten.

Die stil- und kunstgeschichtliche Einordnung hat diese Figur von vornherein in der Multscher-Nachfolge gesehen. Albrecht Miller bringt präzisierend die Katharinenstatue in den Kontext des von Jörg Stein ausgehenden und beinflussten Skulpturenschaffens. Als Vergleichsbeispiele können die um 1475 datierte Muttergottes in der Kapelle von Wennedach (Kreis Biberach) oder die ebenfalls um 1475 bestimmte Madonna von Mittelrot angeführt werden.¹⁰ Miller selbst prädiziert sie als eine zum Oeuvre des Jörg Stein gehörende „gute Werkstattarbeit um 1470".¹¹

Literatur:
Ausst. Kat. Ulm 1997, 424–425 Nr. 63. –
Miller 2004, 68 Kat. Nr. 32.

1. Miller 2004, 35.
2. Vgl. Ebenda und 39 Abb. 6 und 7, 59 Abb. 39 und 40, 67 Kat. Nr. 18, 71 Kat. Nr. 52; Pinder 1929, 314 mit Abb. 289.
3. Hierzu ausführlich Hans Westhoff, der frühere Leiter der Restaurierungswerkstatt des Landesmuseums Württemberg, Stuttgart, in Ausst. Kat. Ulm 1997, 424f.
4. Vgl. Legenda aurea cap. 168 (ed Maggioni 1205, 10): „Katharina Costi regis filia omnibus liberalium studiis erudita."
5. Legenda aurea cap. 168 (ed. Maggioni 1206, 37): „Ego enim Katharina Costi regis filia, que quamvis in purpura nata et liberalibus disciplinis non mediocriter instructa, hec tamen omnia contempsi et ad dominum Ihesum Christum confugi."
6. Ebenda (ed. Maggioni 1213, 153): „Habuit igitur beata Katharina sapientiam intellectualem in cognitione divinorum, qua maxime usa est in disputatione contra rhetores, quibus unum solum deum verum ess probavit et deos omnes falsos esse convicit."
7. Übrs. W.U. – Legenda aurea 168 (ed. Maggioni 1210, 103–104): „Tunc virgo beata dominum exoravit ut ad laudem sui nominis et conversionem populi circumstanti ipsam machinam dissiparet. Et ecce, angelus domini molam illam cum tanto impetu divellendo concussit quod quatuor milia gentilium interemit."
8. Mit Zeitangabe 307 (oder 315) vgl. P. Assion, Katharina von Alexandrien, in: LCI 7, 290. – Unter „Maxentius oder dem Gewaltherrscher Maximinus, der um 310 seine Herrschaft begann" datiert die Legenda aurea (ed. Maggioni 1212, 136): „Passa est sub Maxentio sive Maximino tyranno, qui cepit circa annos domini CCCX."
9. Vgl. Legenda aurea 168 (ed. Maggioni 1211, 133–1212, 134): „Deinde cum decollata fuisset, de eius corpore lac pro sanguine emanavit. Angeli autem corpus eius ab illo loco ad montem Sinai itinere plus quam dierum viginti deduxerunt et ibidem honorifice sepelierunt."
10. Vgl. Miller 2004, 66 und 71 Nr. 17 und Nr. 49 mit Abb. 24 und 25.
11. Ebenda, 68 Nr. 32.

HEILIGE BARBARA

Jörg Stein (Werkstatt)
Ulm, um 1480
Lindenholz, gefasst
H 95 _ B 31 _ T 18 cm

Zustand

Die Rückseite ist der vorderen Form entsprechend tief ausgehöhlt. Durchschnitzungen sind mit Brettchen wieder verschlossen. In der Standfläche befinden sich zwei Löcher mit Verdübelungsresten der Einspannvorrichtung für die Ausarbeitung der Skulptur. Das bis zur Höhlung reichende, von der Befestigung im Kopf der Figur herrührende Loch ist mit einem breiten, abgeschnittenen Dübel verschlossen. Eine zeitlich später vorgenommene Bohrung in der linken Hand diente wohl zum Halt für einen Palmzweig, dem allgemeinen Attribut von Märtyrerinnen und Märtyrern.

Der vorliegende Steinkreidegrund und ebenso die Polychromie zeugen von einer Fassung des 18. oder 19. Jahrhunderts. An einigen Fassungsausbrüchen im Kleid kann Mennigerot festgestellt werden, das auf die originale Fassung zurückgehen könnte. Auf der Rückseite wurde Holzschutzmittel eingelassen. Die fast vollständig auf uns gekommene Holzplastik besitzt nur eine Teilergänzung am Fuß des Kelches. Kronzacken sind abgebrochen, zum Ausgleich könnte die Krone neu angeschnitzt sein.

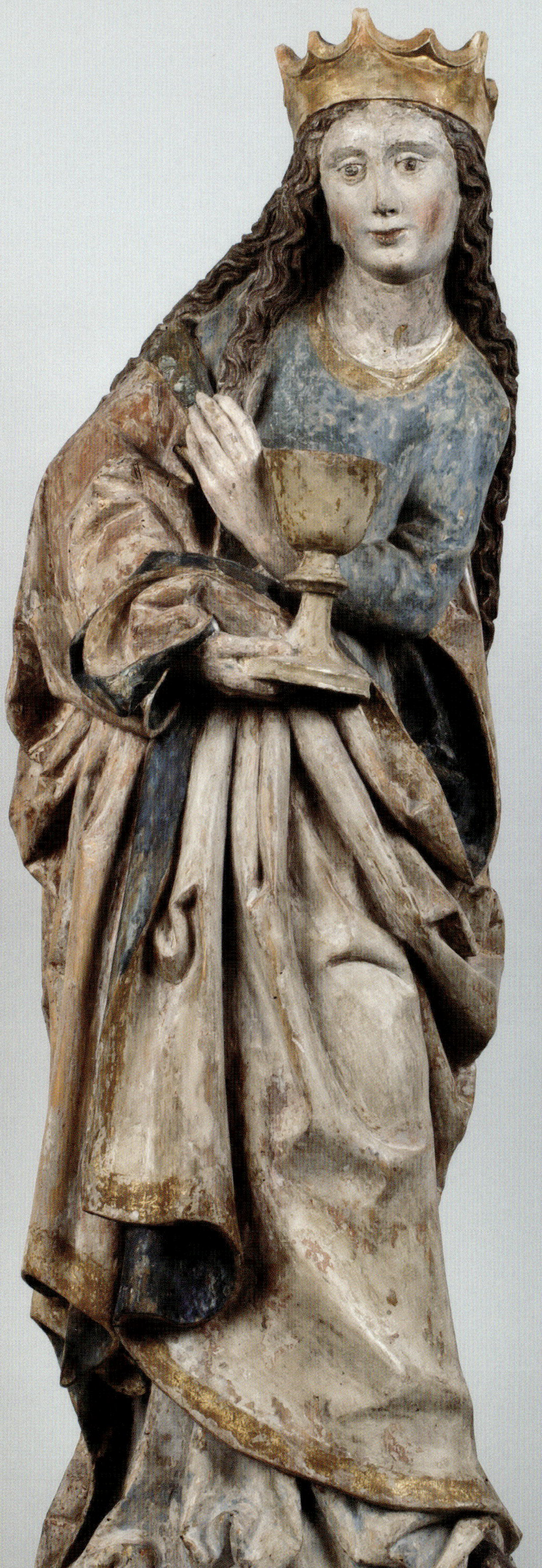

Die als Tochter eines vornehmen Landpflegers gekrönte heilige Barbara erhebt sich stehend in einer sanften, langgezogenen S-Schwingung über einem polygonalen Sockel. Das tief fallende lange, wellige Haar fließt über die Schultern und rechtsseitig in einer starken eigenen Strähne über die Brust. Bekleidet ist die dargestellte heilige Jungfrau mit einem goldgesäumten, eng anliegenden Kleid mit rundem Halsausschnitt, über das ein von den Schultern herabgeglittener Umhang geworfen ist. Die Rutschbewegung dieses Mantels, welche beide Schultern und den Oberkörper freigelegt hat, ist bereits bis knapp unter das Schultergelenk des rechten Armes vorangeschritten. Hierhin greift nun festhaltend die Hand des abgewinkelten linken Arms.

Der gleitende Mantel hat unterhalb des Ellenbogens des linken Arms eine breite Ohrenfalte mit nachfolgenden Wellenbergen spitz zulaufender Falten ausgebildet. Zusammenraffend ist das Gewand von der rechten Seite her hochgezogen und sein gebündelter Rand in dicker Schlaufe über das rechte Handgelenk gelegt und gehalten. Wo Spannungen das Gewand wie über dem linken Bein straffen, werden mit Verständnis für Körperlichkeit die darunter liegenden Gliedmaßen plastisch erfasst. Durch den Zug des Textils wird unterhalb des schräg verlaufenden Mantelrandes der Unterschenkel- und Fußbereich des in Falten auf dem Sockel aufstehenden Kleides sichtbar, wobei Teile davon überfließend den Sockelrand umspielen.

Mit der rechten Hand hält die Heilige einen deutlich in Cuppa, Kelchfuß und Knauf gegliederten Messkelch, der die Erscheinungsform eines solchen Sakralgefäßes der zweiten Hälfte des 15. Jahrhunderts wiedergibt. Die dicht nebeneinander liegenden, fast strahlenförmig von der Kelchhand und ihrer Halteaktion ausgehenden Faltenröhren besitzen optisch geradezu einen Verweisungscharakter auf den hier als Attribut der heiligen Barbara eingesetzten Kelch, machen ihn zu einem entscheidenden Moment der Bildaussage. Der Kelch selbst gründet in der pastoralen Entfaltung der Barbara-Verehrung und ihres Martyriums.

Die historische Kulisse der Barbara-Erzählung bildet die diokletianische Christenverfolgung. Die hagiographische Überlieferung weiß von Barbara, dass sie in Nikomedia in Kleinasien zur Zeit des römischen Kaisers Diocletianus (284–305) und seines Mitkaisers Maximianus (285–305) lebte und während der diokletianischen Christenverfolgung 304 das Martyrium erlitt. Von ihrem Vater, dem vornehmen und reichen Landpfleger Dioskoros aus altem Adelsgeschlecht, wurde das bildschöne Mädchen, als er auf Reisen gehen musste, in einen hohen Turm gesperrt.[1] Der Turm besaß zwei Fenster. Da ließ die tiefen Fragen wie solchen nach dem Grund des Seins und dem Sinn des Lebens nachgehende Barbara ein drittes Fenster von den Bauleuten einbringen als Zeichen ihres Glaubens an einen dreifaltigen Gott. An die Wand des Badehauses zeichnete sie mit eigener Hand das Kreuz Christi. In mystischer Begegnung erhielt sie im Badhaus ihrer Burg von Johannes dem Täufer selbst die Taufe. Als der Vater zurückgekehrt war, erfragt er, weshalb entgegen seinem eigenen Auftrag ein drittes Fenster in den Turm eingebracht worden sei und erhielt von seiner Tochter die Antwort, dass sie dies als Zeichen ihres Glaubens an Christus und an den dreifaltigen Gott veranlasst habe.

Nun begann das Martyrium der von ihrem eigenen Vater verfolgten Barbara. Auf der Flucht vor ihrem Vater wird Barbara von einem Felsen aufgenommen. Der Fels steht symbolisch für Christus. Die Bergung und Freigabe durch den Fels machte Barbara bis zur Gegenwart

HEILIGE BARBARA

zur hochverehrten Patronin der Bergleute, der Tunnelbauer und Mineure. Ein Hirte jedoch verriet dem Vater das Versteck. Barbara wurde nun grausamsten Torturen unterworfen, um ihren Glauben an Christus zu zerstören. Die unter allen Folterqualen wie Geißelung oder dem Abschneiden ihrer Brüste unerschütterlich ihren Glauben bewahrende Barbara wurde endlich vom eigenen Vater enthauptet.

Durch ihr anfängliches Turmgefängnis wurde Barbara in der Vergangenheit zur Patronin der Burgen, der Türme, der Festungen und Mauern, aber auch, bedingt durch den von Barbara vorgenommenen Einbruch eines weiteren Fensters in ihren Turm, zur Patronin der Kanoniere und der Artillerie, derjenigen, die Festungen und Mauern zerstören.

Seit dem 14. Jahrhundert gehört sie zu den Vierzehn Nothelfern. Die häufig im Verein mit Katharina von Alexandrien im Spätmittelalter dargestellte Barbara bildet zusammen mit der heiligen Margareta den Kreis der meistverehrten heiligen Jungfrauen, der „virgines capitales". Im bayerischen Volksmund formuliert ein Merkvers: „Die Barbara mit den Turm; / die Margareta mit dem Wurm, / die Katharina mit dem Radl, / san unsere heiligen drei Madln".

Unser Bildwerk bringt jedoch einen für das Spätmittelalter und die Barockzeit besonders bedeutsamen Aspekt der Verehrung dieser vielseitigen Schutzheiligen zu Gesicht, jenen der Sterbepatronin. Darauf verweist die Beigabe des sie in dieser Hinsicht näher definierenden Kelchs. Den Kelch erhielt die heilige Barbara als Attribut erst im 15. Jahrhundert.[2] Der Messkelch, denn um einen solchen handelt es sich immer, bezieht sich auf Barbara als Patronin für ein gutes Sterben.[3]

In der Geschichte der Frömmigkeit des Mittelalters und der Neuzeit war der Gedanke des „Guten Todes" vor allem mit einem das irdische Leben abschließenden nochmaligen Empfang der drei Sakramente der Buße durch die Beichte, der Eucharistie und der heute Krankensalbung genannten „Letzten Ölung" (ultima unctio) bestimmt, um so befreit und losgesprochen von den Sünden und gestärkt durch den Leib Christi den Weg in die Ewigkeit antreten zu können. Daher wird im Hinblick auf den Übergang vom Irdischen und Zeitlichen zum Ewigen vom Empfang dieser Sakramente vor dem Tod auch als „viaticum", als „Wegzehrung", gesprochen. Diese besondere Rolle als Sterbehelferin und Beistand vor dem Tod, dass den Sterbenden das „Viaticum" zuteil wird, besitzt ihre Anbindung in der hagiographischen Überlieferung des Sterbens und der letzten Worte der heiligen Barbara. Als die heilige Jungfrau zu ihrer Hinrichtung auf einen Berg geführt worden war, berichten die Texte, habe sie große Freude erfüllt, bald das ewige Leben zu erlangen, und wandte sich vor ihrem Tode mit den Worten an Jesus Christus: „Herr Jesus Christus, dem alles untertan ist, erfülle mir diese Bitte, dass, wenn jemand deines Namens eingedenk und deiner Jüngerin und sich meines Leidens erinnert, Herr, dann beachte nicht dessen Sünden am Tage des Gerichts, sondern sei ihm gnädig, denn du kennst die Schwachheit unseres Fleisches. Darauf ließ sich eine Stimme vom Himmel vernehmen, die zu ihr sprach: Komm, meine Allerschönste, ruhe im Hause meines Vaters, der im Himmel ist, was du erbeten hast, ist dir gewährt".[4]

Von ihrer stilistischen Prägung her wurde die künstlerische Provenienz dieser um 1480 datierten Barbara-Skulptur im Allgäu und in Oberschwaben angesiedelt und damit zugleich mit der Ausstrahlung der Ulmer Kunst des letzten Drittels des 15. Jahrhunderts in Verbindung gebracht, insbesondere mit Arbeiten von Michel Erhart. Albrecht Miller verortet diese Barbara in engerer Zuschreibung im Werkkomplex von Jörg Stein als „Werkstattarbeit um 1480".

Literatur:
Ausst. Kat. Rottweil 1955, 20–22 Nr. 5. – Miller 2004, 67 Kat. Nr. 19.

[1] Vgl. Legenda aurea 202 (199) (ed Graesse, 898): „Erat tempore Maximiani imperatoris vir quidam gentilis in Nicomedia nobilitate generis praeclarus ac temporalium rerum abundantia summus, nomine Dioscoros. Cui erat filia speciosissima nomine Barbara. Ipsa autem quia erat corpore pulcherrima, eam pater plurimum diligebat; quapropter reclusit eam in turri altissima, quam eidem aedificare fecerat, ne ab aliquo homine videretur." – Zur Vita der hl. Barbara und ihrer Überlieferung vg. Nemitz – Thierse 1996, 11–19; Eberhard 1988, 11–24. – Die Legende der hl. Barbara nicht ursprünglich in der „Legenda aurea" des Jakobus a Voragine. Sie erscheint erst in späteren Ergänzungen und Anhängen. Hier wurde der Text der Legenda-Aurea-Edition von Theodor Graesse als Grundlage herangezogen.

[2] Vgl. Braun 1943, 116.
[3] Vgl. ebenda, 117; Künstle 1926, 113.
[4] Übers. W.U. – Legenda aurea cap. 202,1 (ed. Graesse, 901) „At vero ipsa gaudens super hoc festinabat, ut perfectum vitae aeternae bravium acciperet, et adducta in montem orabat ad dominum dicens: domine Jesu Christe, cui omnia obediunt, praesta mihi hanc petitionem, ut, si quis memor fuerit nominis tui et famulae tuae faciens memoriam passionis meae, domine, ne memineris peccatorum eius in die iudicii, sed propitius esto ei, tu enim scis, caro sumus. Et facta est vox de coelo ad eam dicens: Veni, pulcherrima mea, requiesce in cubilibus patris mei, qui est in coelis, quod postulisti, donatum est tibi."

THRONENDE MUTTERGOTTES

Meister des Nürnberger Rosenkranzrahmens
Nürnberg, um 1490
Linde, halbrund, ausgehöhlt, überfasst
H (ohne Sockel) 26,5 _ B 23 _ T 9 cm; Sockelhöhe 4 cm

Zustand

Die Skulptur besaß ursprünglich größere Tiefe und wurde in späterer Zeit an der Rückseite, wohl zu Anpassungszwecken abgearbeitet. Dabei kam es zu Durchschnitzungen an den Armen, die rückseitig mit inzwischen wieder beseitigten Brettchen verschlossen waren.

Die separat geschnitzten Hände Mariens und das gleichfalls getrennt ausgearbeitete Kind sind verloren gegangen. Auf dem rechten Oberschenkel findet sich noch ein kleines Loch für die vormalige Befestigung des Jesuskindes. Der Sockel ist neueren Datums, gebeizt und lackiert und mittels Dübeln mit der Figur verbunden.

Unter den Fassungen des 19. und 20. Jahrhunderts gibt es Reste der ursprünglichen. Entgegen dem jetzigen sehr dunklen Zustand war der Mantel ursprünglich auf gelbem Bolus polimentvergoldet, innen Azurit gefasst, das Kleid versilbert und rot gelüstert. Die Fassungen des 19. und 20. Jahrhunderts zeigen noch das Kleid rot und den Mantel außen vergoldet, innen grün, ebenfalls in Grün gehalten die Bank und die Plinthe.

Auf der Rückseite des Sockels mit Tinte handschriftlich eingetragen: „Meister des Engelrahmens zu St. Jakob / Nürnberg ± 1490 / GN Pl. Q 227".

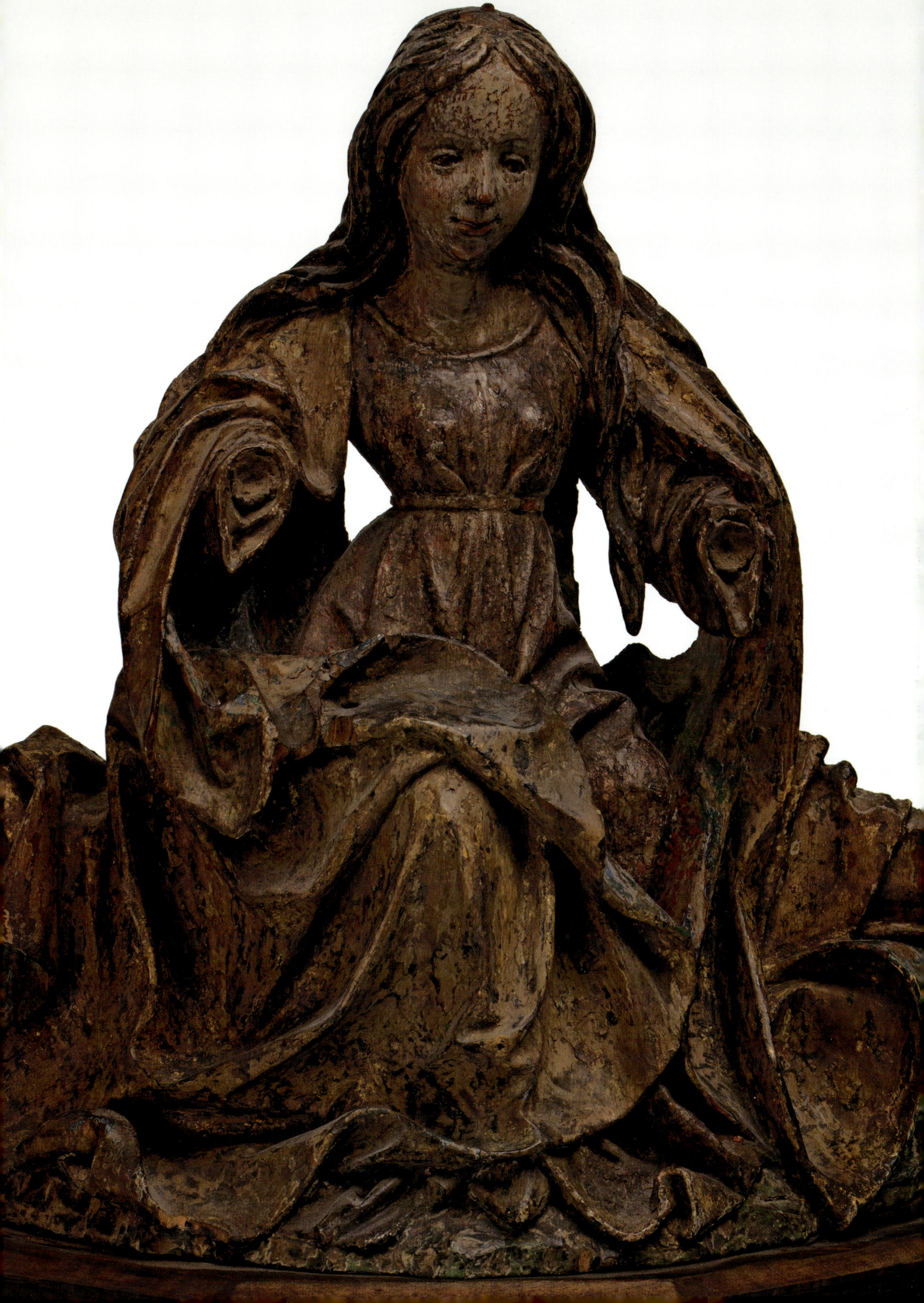

MEISTER DES NÜRNBERGER ROSENKRANZRAHMENS

Hilfsweise und zugleich in differenzierender Absicht wird mit „Meister des Nürnberger Rosenkranzrahmens" ein Bildschnitzer bezeichnet, der als Mitarbeiter, als Werkstattgenosse des gleichfalls mit Notnamen belegten „Meisters der Maria im Rosenkranz" tätig war. Bei dem Namen gebenden Werk, nicht zu verwechseln mit der Verkündigung im Rosenkranzrahmen des Veit Stoß von 1517–1519, handelt es sich um das Schnitzretabel des Rosenkranzaltares der ehemaligen, 1807 abgebrochenen Dominikanerkirche St. Jakob in Nürnberg.

Die künstlerischen Verhältnisse und die Scheidung verschiedener Hände an einem Werk vermitteln zugleich einen Einblick in die Werkstattorganisation im Spätmittelalter und in Nürnberg insbesondere. Bei den großen Flügelaltären waren unterschiedliche Handwerker gefordert, aber auch die künstlerischen Aufgaben konnten geteilt sein[1]. Als der Projektleiter und Hauptauftragnehmer des Rosenkranzaltares der Nürnberger Dominikanerkirche wird der Maler Michael Wolgemut (1434–1519), der Lehrer Albrecht Dürers, betrachtet, da „die Organisation der großen Flügelaltäre fast ausschließlich in den Händen von Malern" lag und aus der Wolgemut-Werkstatt die gemalten Flügel des Retabels stammen.[2]

Das bildhauerisch gearbeitete, geschnitzte, 1490 bis 1495 entstandene Hauptstück des genannten Rosenkranzaltares, eine Maria im Strahlenkranz (mit verloren gegangenem Kind), befindet sich im Germanischen Nationalmuseum in Nürnberg. Die Gottesmutter war umfangen von einem Rosenkranzrahmen.[3] Dieser ist getrennt von der zentralen Skulptur in die Sammlungen der Stadt Nürnberg eingegangenen. Ein Heer von Engelsgestalten umspielt in dem außerordentlich detailreichen, in der Höhe 166 cm und in der Breite 162 cm messenden Rahmen den Rosenblütenkranz eines inneren Rahmenkreises. Die Hand dieses Künstlers lässt sich von der Hand, welche die thronende Madonna hervorgebracht hat, scheiden. Die unbekannten Künstler bieten hohe Qualität. Stilgeschichtlich spiegelt der Rosenkranzaltar die Situation der Skulptur in Nürnberg vor dem Auftreten von Veit Stoß im Jahre 1496 wider.

[1] Vgl. Rainer Brandl, Zwischen Kunst und Handwerk. Kunst und Künstler im mittelalterlichen Nürnberg, in: Ausst. Kat. Nürnberg 1986, 53ff.
[2] Ebenda; vgl. Ausst. Kat. Nürnberg 1986, 164.
[3] Vgl. Ausst. Kat. Nürnberg 1986, 163.

Anklang und enge Verwandtschaft mit der zentralen Madonna des Rosenkranzaltars der ehemaligen Dominikanerkirche von Nürnberg aus der Zeit 1490–1495 zeigend, sitzt Maria, die Muttergottes, umhüllt von einem weiten, den Raum um ihre Gestalt erfüllenden Mantel über einem Erd- oder Grassockel auf einer langgestreckten profilierten Thronbank. Der in ausholenden Faltenformationen sich ausbreitende Mantel hat den Oberkörper der Gottesmutter freigelegt und gibt den Blick frei auf das unter der zarten Büste gegürtete Kleid mit seinem weiten runden Halsausschnitt. Der Gürtel strafft und rafft das Kleid, so dass sich zur Brust und zur Taille hin strahlenförmige Falten gebildet haben.

Das Haupt leicht nach vorn geneigt, fließt das Haar in langen Strömen frei über Schultern und Oberarme. Auf der linken Seite teilt sich der Haarfluss, um beidseitig des Armes hinabzugleiten. Ein sanftes, verinnerlichtes Lächeln umspielt die Lippen der zartgesichten Jungfrau. In großer Bandbreite variieren die Faltenmotive des Mantels, zeigen Umschlagen, tiefe Mulden, röhrenartige Bildungen, aufstehende Knäuel und gleitendes Aufliegen am Sockel. Ein breiter Faltenumschlag über dem rechten Oberschenkel Mariens bereitete den Sitzplatz für das Jesuskind.

Die Fülle des Gewandes, die Weite und der Reichtum ihrer Kleidung symbolisieren die Fülle und den Reichtum der Gnaden, mit denen die Jungfrau und Gottesmutter von Gott bedacht ist. Ihrer Kleidungsfülle, ja ihrer Überkleidung kommt sinnbildliche Aussage zu. Vom „Überkleidetwerden", wofür die Vulgata-Übersetzung der Heiligen Schrift die Wortbildungen „superindui" und „supervestiri" verwendet, spricht der heilige Paulus im 2. Korintherbrief. „Im gegenwärtigen Zustand", führt der Apostel aus, „seufzen wir und sehnen uns danach, mit dem himmlischen Haus überkleidet (superindui) zu werden... Solange wir nämlich in diesem Zelt leben", sagt Paulus, der Zeltmacher, „seufzen wir unter schwerem Druck, weil wir nicht entkleidet, sondern überkleidet (supervestiri) werden möchten, damit so das Sterbliche vom Leben verschlungen werde" (2 Kor 2,2.4). Die Überfülle der Gewandung Mariens ist mithin Zeichen ihres Umhülltsein vom Ewigen, ihres Überkleidetseins „vom himmlischen Haus".

Die thronende Madonna, wie die hier aus der Sammlung Mayering in Nürnberg kommende, zählt zu den ältesten Formen des Marienbildes. Das Motiv des Thrones geht auf den Lobgesang Mariens, das „Magnificat" zurück, den die werdende Gottesmutter bei ihrem Besuch bei ihrer Base Elisabeth anstimmt (vgl. Lk 1,39–55), und in dem es heißt: „Er stürzt die Mächtigen vom Thron und erhebt die Niedrigen" (Lk 1,52). Maria ist aber in der Geschichte und im Gehalt dieses Bildtyps, obwohl Thronende, zugleich wieder selbst Thronsitz für Christus. Maria ist der „sedes sapientiae", der Sitz der Weisheit. Dieses im Blick kann die thronende Muttergottes des Nürnberger Meisters des Rosenkranzrahmens in ihren bewegten, wie durchflutet erscheinenden Formen als eine Weise der plastisch-künstlerischen Vergegenwärtigung des Geist durchwehten und von Geist erfüllten „Sitzes der Weisheit" gesehen und verstanden werden.

Literatur:
Kat. Fischer 1976, Nr. M 11, Tafel 11. – Ausst. Kat. Rottweil 1995, 23–25.

HEILIGE JUNGFRAU

Hans Thoman
Memmingen, um 1515
Linde, dreiviertelrund, ausgehöhlt, holzsichtig
H 55 _ B 23 _ T 17 cm

Zustand

Die Standfläche der Figur wurde mit mehreren Brettchen begradigt. Während die linke Hand fehlt, wurden die Nasenspitze, die Schuhspitze sowie am Gewand mehrere Faltengrate und der Mantelzipfel an der linken Körperseite nachträglich ergänzt. In der Rückseite steckt ein alter Schmiedenagel. Durch starken Anobienbefall ist ein geringer Holzverlust festzustellen. Von der abgelaugten Fassung finden sich noch wenige rote und blaue Reste. Die freigelegte Oberfläche wurde mit Schleifpapier geglättet, wodurch – vor allem im Gesicht und am Haarreif – die Feinheiten der Oberflächenbearbeitung verloren gingen. Die am Halssaum noch erkennbare kunstvolle Schnitzerei sowie die schwarzen Pupillen und die rot gefassten Lippen sprechen für eine ursprüngliche Holzsichtigkeit des Bildwerks.

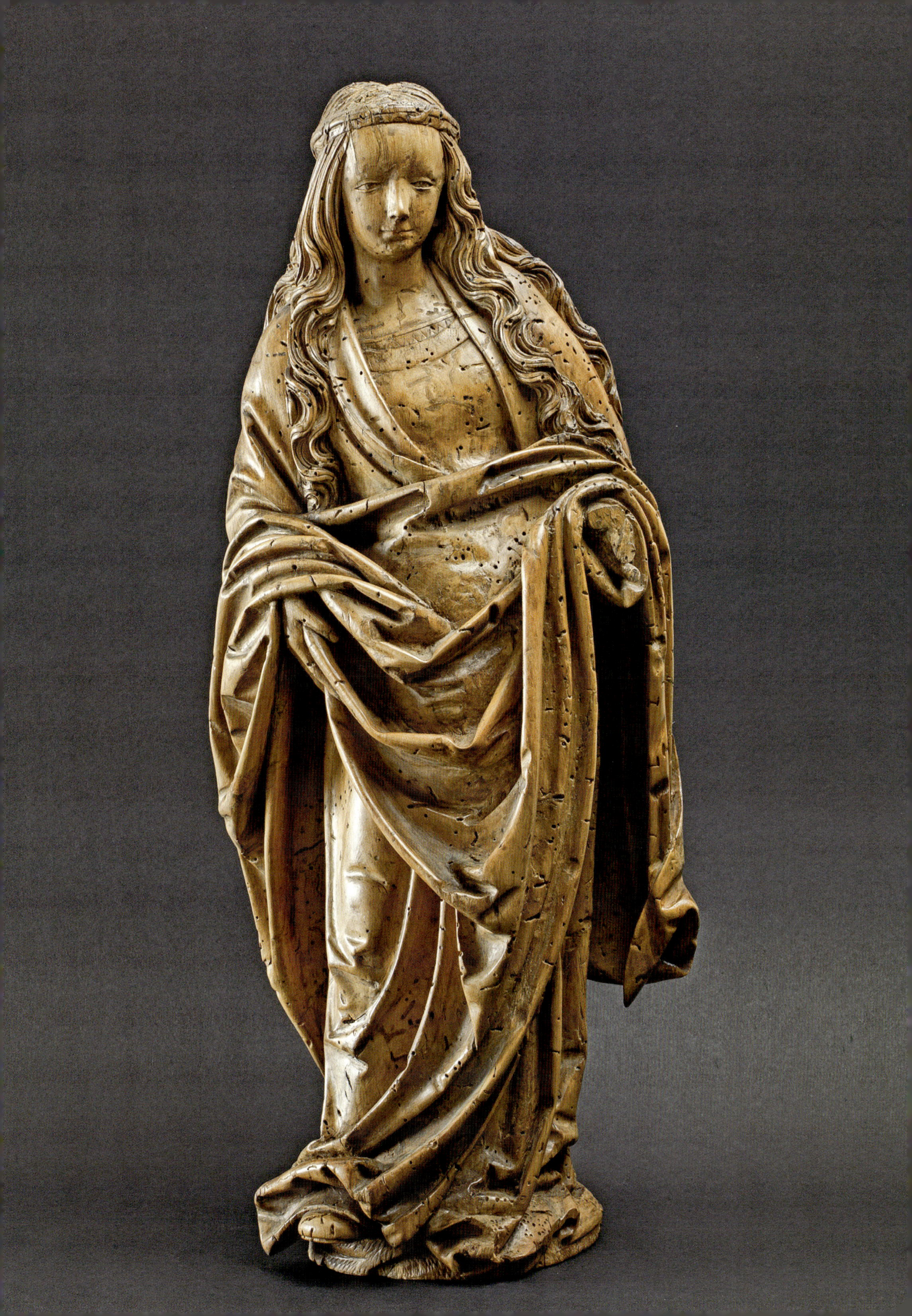

HANS THOMAN

Unter dem Namen „Meister von Ottobeuren", wobei Namen gebende Werke in der Abtei und im Klostermuseum von Ottobeuren Pate standen, wurde ein Bildhauer geführt, zu dessen meisterlichen Arbeiten zunächst keine historisch greifbare Person in Beziehung gebracht werden konnte. Mit dem Notnamen wurde ein Oeuvre bedacht, das sich durch charakteristische Stilmerkmale auszeichnet und sich damit deutlich von anderen zeitgenössischen Arbeiten abgrenzt. Allein auf der Basis stilistischer Zugehörigkeit konnte Alfred Schädler zur 1200-Jahrfeier des Klosters Ottobeuren im Jahre 1964 ein umfangreiches Werkverzeichnis des „Meisters von Ottobeuren" vorlegen[1]. Just im gleichen Jahr, als ein besonderes Interesse für den „Meister von Ottobeuren" geweckt war, entdeckte, weit entfernt von Oberschwaben und Allgäu als dem engeren Wirkungskreis dieses Bildschnitzers, in Wangen am Rhein im Zinsrodel der Heiligenfabrik oder, modern gesprochen, im Baufonds der Pfarrkirche, Karl Werner Klüber die von dem Memminger Hans Thoman gestellte Abrechnung für den 1515/16 gelieferten Schnitzaltar.[2]

Nachdem der Name einmal gefunden war, begann auch die schriftliche Überlieferung zu sprechen. Hans Thoman bezeugen die Archivalien der Stadt Memmingen 1514 als Hauptmann am Krugtor, 1522 bis 1524 als Zweiten der Kramerzunft. Im Jahre 1525 fungiert er als Büchsenmeister und Zeugmeister, ist also für das Waffenarsenal der Freien Reichsstadt Memmingen verantwortlich. Der Verkauf einer Wiese im gleichen Jahr 1525 ist die letzte auf uns gekommene Nachricht von Hans Thoman.

Das Tätigkeitsfeld des Hans Thoman als Bildhauer, den seine markanten Parallelfaltenstrukturen kennzeichnen und dessen Stil sich nach 1515 bereits von der Spätgotik zur Renaissance zu wandeln beginnt, erstreckt sich von Bayerisch-Schwaben bis zum Bodenseeraum, reicht mit Feldkirch und seinem dort 1515/16 geschaffenen Apostelaltar bis nach Vorarlberg, nach Graubünden und Südtirol. Werke von Hans Thoman besitzen neben anderen die Museen in Berlin, Bregenz, Karlsruhe, München, New York, Nürnberg, Ottobeuren, Rottweil.

---

[1] Vgl. Schädler 1964
[2] Vgl. Kat. Rottweil 1986, 153.

Die Skulptur steht auf einer als Grasnarbe gestalteten runden Bodenplatte. Die rechte Fußspitze tritt unter dem Saum hervor. Während das linke Standbein vollständig durch das schwere Gewand verhüllt ist, zeichnet sich das rechte Spielbein im Kleid ab. Der Oberkörper neigt sich leicht nach rechts, der Kopf in die Gegenrichtung, wodurch die Figur einen leichten S-Schwung besitzt. Der Mantel ist vor dem Körper von rechts nach links geführt und bildet tiefe Schüsselfalten aus. Die Gesichtsbildung zeigt schmale Lippen, eine kleine Nase und weit auseinander stehende, mandelförmige Augen. Auf dem langen, in weichen Locken herabfallenden Haar liegt ein Blattkranz. Eine genaue Bestimmung der heiligen Jungfrau ist nicht mehr möglich, da die linke Hand, die einst das Attribut hielt, fehlt. Auf einer Fotografie aus dem Jahr 1937 ist die Heilige zwar mit einer Kerze dargestellt; da es sich jedoch bereits hier um eine Ergänzung handelte, ist die insinuierte Deutung als heilige Agatha oder heilige Genovefa nicht gesichert.[1]

Bei der Figur ist die kunstvoll variierende Gewandgestaltung zu betonen: Die tiefen, in sich gebrochenen Schüsselfalten an der Vorderseite werden von schmalen, durchlaufenden Parallelfalten an der linken Körperseite kontrastiert. Unter dem am linken Arm herabfließenden Manteltuch ergibt sich eine tiefe Höhlung. Von den durch Faltenwürfe bewegten Stoffpartien setzen sich wiederum die vollständig glatten Gewandteile am rechten Oberschenkel und im Brustbereich ab. Da die Skulptur von Beginn an holzsichtig war, wurden die tiefschluchtenden Dunkelräume und das bewegte Licht- und Schattenspiel als bildnerische Motive zur Bewegung der Oberfläche eingesetzt.

Die heilige Jungfrau wird dem Bildhauer Hans Thoman zugeschrieben, der von 1514 bis 1525 archivalisch in Memmingen nachzuweisen ist. Aus einer Urkunde geht hervor, dass Thoman seit 1515 das Altarretabel für die Pfarrkirche St. Pankratius in Wangen am Bodensee fertigte, von dem sechs Reliefs heute im Dominikanermuseum Rottweil aufbewahrt werden.[2] Wie die heilige Jungfrau waren die Altartafeln bereits im Ursprungszustand ungefasst und auch bei ihnen ist das Faltenspiel der Gewänder das Hauptgestaltungselement: Der Stoff bildet parallele, ungebrochene Falten aus, die sich in langen, weiten Schwüngen über große Partien der Kleidung ziehen. Für diese Art des Faltenwurfes wurde der Begriff „Parallelfaltenstil" geprägt.[3] Seine reinste Ausführung fand der „Parallelfaltenstil" in den Figuren zweier Reliefs im Klostermuseum von Ottobeuren (1520–1525). Während der Bildhauer der Schnitztafeln früher mit dem Notnamen „Meister von Ottobeuren" bezeichnet wurde[4], werden sie heute allgemein als Spätwerk Thomans angesehen, in dem die durchlaufenden Faltenschwünge das bestimmende Stilprinzip sind.[5]

In den frühen Bildwerken von Hans Thoman – sowohl in den Wangener Reliefs als auch gleichermaßen bei der heiligen Jungfrau – sind die parallelen Faltenwürfe vorgebildet, wenn auch noch nicht in allen Bereichen konsequent durchgeführt. Aufgrund der stilistischen Parallelen wird die Skulptur der Jungfrau wie das Retabel aus Wangen um 1515 datiert.

M.P.

Literatur:
Böhling 1937, 34. – Ausst. Kat. Rottweil 1995, 29–32, Nr. 29.

[1] Vgl. Böhling 1937, 34, Abb. 9.
[2] Zum Wangener Altar siehe Zimmermann 1979.
[3] Zum Begriff siehe Böhling 1937, 26.
[4] Zum „Meister von Ottobeuren" siehe Schädler 1964.
[5] Vgl. Otto 1965; Kammel 2006.

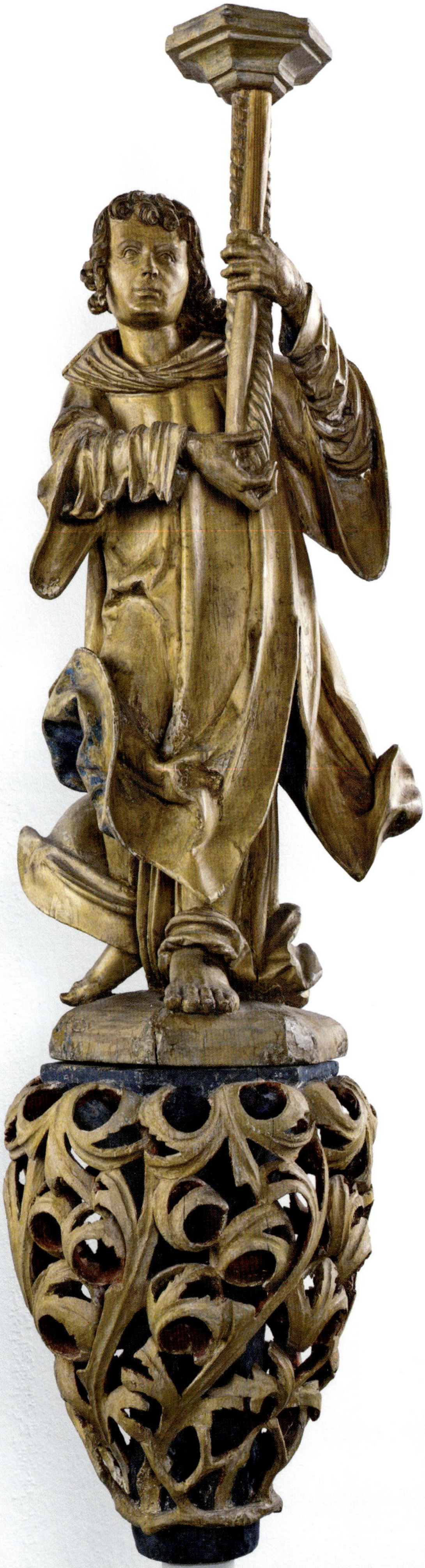

MEISTER VON MAUER (UMKREIS)

So grandiose, überragende Könnerschaft der Meister von Mauer an den Tag legt, so sehr entzieht er sich bisher jeder biographischen Identifizierung. Benannt ist er nach seinem Hauptwerk, dem Altar in der Marienwallfahrtskirche von Mauer bei Melk in Niederösterreich. Das namengebende, gewaltige, in Lindenholz geschnitzte Altarwerk in Mauer weist, um sich eine Vorstellung machen zu können, eine Gesamthöhe vom 657 cm auf und hat bei geöffneten Flügeln eine Breite von 422 cm. Der Schrein hat eine Höhe von 365 cm und eine Breite von 208 cm.[1] Der Altar zählt zu den großartigsten Schöpfungen auf dem Gebiet der Altarkunst des vorreformatorischen 16. Jahrhunderts.

Der zwischen 1508 und 1518 entstandene Altar von Mauer gehört zusammen mit dem von Zwettl und den Werken des Meisters H. L. am Oberrhein in Niederrottweil (um 1525) und Breisach zu den „Hauptwerken des sog. Donaustils in der Skulptur"[2]. Die kunsthistorische Bezeichnung wurde in Analogie zur „Donauschule" in der Malerei mit den etwa zur gleichen Zeit im ersten Drittel des 16. Jahrhunderts tätigen Malern mit ihren Hauptmeistern Albrecht Altdorfer (um 1480–1538) oder Wolf Huber (um 1485–1533) gebildet.

Der Meister von Mauer dürfte nach Rainer Kahsnitz aus dem Wiener Kunstschaffen um 1510 hervorgegangen sein.[3] Die stärkste Prägung aber hat er offensichtlich durch Einflüsse des Werkes von Veit Stoß (um 1447/48–1533) erhalten.[4] Wenn man ihn wohl nicht in einem engeren Sinne als Schüler des Nürnberger Meisters betrachten kann, so gewann er aus der Kenntnis von dessen Werken die stärksten und entscheidenden, von ihm weiterentwickelten Impulse. Für Veit Stoß als künstlerischer Herkunft der Auffassung von Skulptur beim Meisters von Mauer sprechen seine „außerordentliche Fähigkeit der abstrakten Gewandgestaltung", wie „er ein abstraktes Formenspiel zu bilden versteht, wie er Ausdruck, „Macht und Größe" von „Gestalten durch Gewandformationen steigert".[5] Es ist gerade dieser Grundzug des Skulpturschaffens des Meisters von Mauer, der an der vorgestellten Holzplastik eines „Leuchterengels" zu Tage tritt und deren Qualität wie Erscheinung bestimmt.

Gerade aber auch die immer wieder beobachteten Beziehungen und Verwandtschaften zum gleichermaßen gewaltigen, 1526 datierten Breisacher Altars des Monogrammisten H. L. erscheinen keineswegs abwegig, zumal auch die historisch-politischen Verhältnisse der Zugehörigkeit Breisachs zum habsburgischen Vorderösterreich bedacht sein wollen.

---

[1] Vgl. Kahsnitz 2005, 330. – Zum Altar von Mauer vgl. ebenda, 324–330; Krone-Balcke 1999, 248–263.

[2] Ebenda, 324.

[3] Vgl. ebenda, 329; zu den Beziehungen nach Wien vgl. auch Krone-Balcke 1999, 248.

[4] Vgl. Kahsnitz 2005, 329.

[5] Ebenda.

LEUCHTERENGEL

Meister von Mauer
um 1515/25
Linde, vollrund, ursprünglich gefasst
H 53,5 (mit Leuchter) _ Kopfhöhe 46,5 _ B 22,5 _ T 22 cm

Zustand

Durch die wässrige Ablaugung der Fassung weist die Skulptur mehrere Schwundrisse auf. Die einst am Rücken befestigten Flügel fehlen. Unterarme und Hände waren abgebrochen und wurden wieder angeleimt. Der Daumen und der Zeigefinder der linken Hand sind beschädigt und wurden mit Holzkitt kaschiert. An der Oberfläche sind mehrere Bestoßungen und Ausbesserungen festzustellen. Ursprünglich war die heute überwiegend holzsichtige Kleinskulptur farblich gefasst: Die Außenseiten der Gewänder waren polimentvergoldet, wovon sich das Azurit gefasste Innere absetzte.[1] Das Amikt besaß ursprünglich eine rote, der Sockel eine grüne Fassung.[2] Die Haare weisen Reste einer Vergoldung auf.

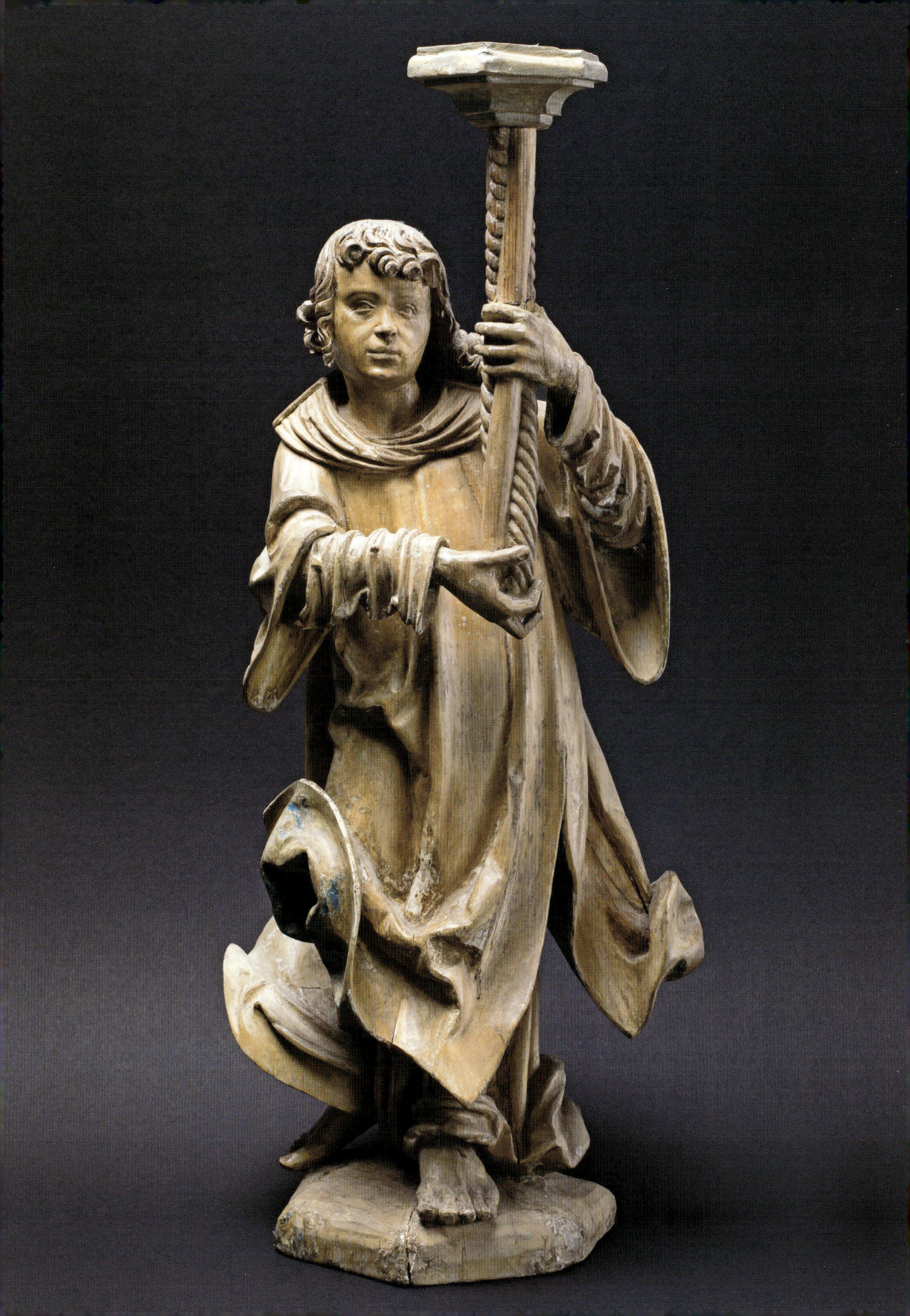

Die jünglingshafte Figur trägt mit Albe und Dalmatik die im Mittelalter für Engelsdarstellungen typische Gewandung.³ Mit ihren Händen umfasst sie einen Kerzenleuchter, an dem sich Schmuckkordeln spiralförmig nach oben winden und in einem polygonalen Wachsteller enden. Die in Schrittstellung wiedergegebene Kleinskulptur berührt mit dem rechten Fuß kaum den Boden, wodurch ein schwebendes Schreiten suggeriert wird.

Der Leuchterträger und die filigrane Laubwerkkonsole gehörten ursprünglich nicht zusammen, sodass sich die Frage nach der ursprünglichen Funktion des Kunstwerks stellt. Als himmlische Liturgen konnten Engel bei den unterschiedlichsten Tätigkeiten ihres Amtes dargestellt werden.⁴ Unter anderem fungierten sie als Leuchterengel (sog. Akoluthen) in Altargesprengen, wo sie als Assistenzfiguren Christus, Maria und die Heiligen flankierten. Auch die Aufstellung auf Säulen, an denen Behänge (sog. Velen) befestigt waren, welche die Altäre würdevoll rahmten, war im Mittelalter üblich. Häufig dienten Engelfiguren als figürlicher Besatz von Prozessionsstangen. Hierbei handelte es sich um mit Schnitzereien verzierte Holzstangen, an deren Ende – zum Teil in tabernakelartigen Gehäusen – Kleinskulpturen oder Kerzen eingefügt waren und die in Prozessionen mitgeführt wurden. Mehrere Gründe sprechen dafür, dass auch der hiesige Engel als Aufsatz für eine Prozessionsstange angefertigt wurde. Neben dem kleinen Format und der Allansichtigkeit ist die filigrane Schnitzerei der Figur als Argument anzuführen. Die Feinheit der Bildschnitzerarbeit zeigt sich zum Beispiel in den kleinen Korkenzieherlocken, die von einer Bö ergriffen erscheinen und in ihrer Bewegung kunstvoll variiert sind. Das Gewand ist wiederum durch die abwechslungsreiche Faltengebung dynamisiert. So finden sich am Amikt diagonale Falten, an den Ärmeln schmale und regelmäßige Röhrenfalten, auf der Dalmatik große, zum Teil knittrig gebrochene Stoffaufwerfungen und zwischen den Beinen senkrechte Parallelfalten. Ein besonderer Kunstgriff gelang dem Bildschnitzer im unteren Bereich des Gewandes. Hier ist jede aufgewirbelte Stoffbahn individuell bewegt. Während sich die Albe in einer großen Spirale um das rechte Bein windet und eine Ohrenfalte ausbildet, werden die Enden der seitlich geschlitzten Dalmatik durch einen von rechts unten kommenden Windstoß sowohl vorne als auch hinten aufgeworfen. Dagegen ist die Gewandgestaltung auf der linken Körperseite eher beruhigt. Da das kunstvoll verwirbelte Faltensystem nur in der Untersicht der Figur wahrgenommen werden kann, wurde der Leuchterengel mit Sicherheit für eine erhöhte Aufstellung konzipiert. Die Details der Schnitzarbeit sprechen dafür, dass die Kleinskulptur von Beginn an aus der Nähe betrachtet werden konnte, was vor allem bei der Verwendung als Bekrönung einer Prozessionsstange der Fall gewesen wäre. Die Dynamik der Figur könnte ein weiterer Hinweis hierfür sein; denn durch das Schreiten des Engels sowie das aufgebauschte Gewand scheint er die Bewegung der einstigen Stangenträger in der Prozession zu imitieren beziehungsweise auf sie zu reagieren. Stilistisch weist der Engel Beziehungen zu den Figuren des Altars (1508–1518) in der Pfarrkirche Mariae Namen in Mauer bei Melk (Niederösterreich) und ebenso zum Breisacher Hochaltar (1523–1526) des Meisters H. L. auf, deren Gemeinsamkeiten die Literatur mehrfach betont hat.⁵ Mit der spiralförmigen Stoffverwirbelung an seinem rechten Bein weist der Leuchterträger eine Parallele zu der Marienfigur in Breisach auf; seine aufgewehten Gewänder erinnern wiederum an die Schreinskulpturen in Mauer.

M.P.

Literatur:
Kat. Mehringer 1985, 36f. –
Kat. Neumeister 1990, Nr. 15. –
Ausst. Kat. Rottweil 1995, 33ff., Nr. 9a.

¹ Albe: liturgisches Untergewand; Dalmatik: liturgisches Obergewand eines Diakons.
² Amikt (auch Humerale oder Schultertuch): rechteckiges Tuch aus weißem Leinen, das Bischöfe, Priester und Diakone bei der Messfeier unter der Albe tragen.
³ LCI, Bd. 1, 632f.
⁴ Vgl. Marc-Aeilko Aris, Engel in der Liturgie, in: Ausst. Kat. Freising, 2010, 60–65.
⁵ Vgl. Schroth 1960. – Baxandall 1984, 362.

LAUBKONSOLE

Süddeutschland, Ende 15. Jh. oder später
Linde, vollrund, ursprünglich gefasst
H 26 _ Ø 20 cm

Zustand
Die filigrane Konsole wurde aus einem Holzblock geschnitzt. Um die Figur des Leuchterengels zu befestigen, wurde die Standfläche nachträglich begradigt und ein hervorstehender Dübel eingefügt. Eine ausgebrochene Blattranke wurde mit einem Dübel wieder am Kern fixiert. Neben Schwundrissen sind auch mehrere Ausbesserungen an dem Schnitzwerk festzustellen. Ursprünglich war die Außenseite des heute in einem Naturholzton gefassten Blattwerks polimentvergoldet. Innen waren die Ranken zinnoberrot gefasst, erhielten jedoch später einen rotbraunen Farbüberzug. Das originale Azurit des Kerns besitzt im heutigen Zustand eine graublaue Fassung.

LAUBKONSOLE

Bei dem Leuchterengel handelt es sich nicht um den ursprünglichen Besatz, jedoch diente die Laubkonsole schon von Beginn an als kunstvoller Sockel für eine Kleinskulptur. Als solcher zierte sie entweder eine Prozessionsstange oder war Teil eines Altargesprenges.

Die feingliedrige, als Laubkapitell gestaltete Figurenkonsole besitzt einen schlanken, sechseckigen Kern. Um diesen verläuft unten ein horizontal angeordneter Ast, aus dem sich geschwungene, ajour-gearbeitete Zweige hervorwinden. Aus den Trieben erwachsen wiederum eingerollte Blätter mit gezackten Rändern, sodass das Innere des Kapitells von einem Gespinst aus vegetabilen Formen umschlossen wird.

Die Konsole entspricht formal mittelalterlichen Blattkapitellen, die sich aus den Akanthusblattkapitellen antiker Säulen ableiteten. In der gotischen Architektur war die Ausschmückung der Säulenkapitelle mit naturalistischen Blattformen heimischer Pflanzen weit verbreitet. Die Verwendung pflanzlicher Motive hatte im Kirchenbau jedoch nicht nur dekorative Gründe: In der mittelalterlichen Symbolsprache wurden Pflanzen ebenso wie Tiere als Bedeutungsträger verwendet, welche die christlichen Botschaften der figürlichen Kirchenausstattung untermauerten. Mehrdeutigkeiten und Bedeutungswandel waren nicht selten: Zum Beispiel stand der Wein als liturgisches Symbol sowohl für den Opfertod (Mt 26, 26–29; Lk 22, 17–20; Mk 14, 22–25; Joh 6, 54–56) als auch für die Auferstehung Christi (Joh 6, 54–56) und wurde als paradiesische Pflanze interpretiert (Nm 13, 23–24). Mit dieser inhaltlichen Belegung zierte das Weinlaub häufig Heiligengräber oder Reliquiare, aber auch Architekturelemente wie Konsolen und Kapitele. Zum Teil wurde der pflanzliche Säulenschmuck durch figürliche Elemente wie Masken, Tierdarstellungen oder Fantasiewesen bereichert.

Während die Blattformen in der Gotik naturgetreu nachgebildet waren, verwendete man sie im Ausgang des Mittelalters – so auch am hiesigen Figurensockel – in stilisierter Form. Das sich windende, wuchernde Laubwerk war auch noch in dieser Epoche eines der wichtigsten Dekormotive, allerdings ohne mit einer bestimmten Symbolik belegt zu sein. Außerdem näherten sich die vegetabilen und geometrischen Formen der Baukunst sukzessive einander an. So erhielten Architekturmotive wie Wimperge und Maßwerk im Spätmittelalter durch Schwünge, Windungen und Durchstoßungen organisches Leben.

M.P.

Literatur:
Kat. Mehringer 1985, 36f. –
Ausst. Kat. Rottweil 1995, 37,
Nr. 9b.

MICHAEL ZEYNSLER

Zunächst als „Meister der Biberacher Sippe" geführt, benannt nach einem über die Sammlung des Katholischen Kirchenrates und Stadtpfarrers von Rottweil in den Bestand der Lorenzkapelle, seit 1995 nun Dominikanermuseum Rottweil, gelangten Bildwerk, konnte Gertrud Otto 1962 durch „Stilanalyse und Urkundendeutung" die Werke dieses Künstlers mit Michael Zeynsler in Verbindung bringen.[1] Über letzteren waren schon durch die Quellenforschungen von Hans Rott archivalische Nachrichten bekannt. Die Stadt Biberach hat diesen Zeugnissen zufolge „Michael Zeynsler, dem bildhowern von Memmingen", erstmals 1515 den Aufenthalt genehmigt.[2] Im Jahre 1523 wurde Michael Zeynsler endgültig Bürger der Freien Reichsstadt an der Riß. Noch 1541 nachweisbar, beschließt er im Jahre 1559 sein Leben.[3] Von seiner künstlerischen Herkunft hat Michael Zeynsler seine Ausbildung wohl in Ulm erhalten und wohl auch als Geselle 1501 bis 1506 am Chorgestühl von St. Martin in Memmingen mitgearbeitet. Seine Werke zeigen neben ulmischen Einflüssen Vertrautheit mit dem Schaffen von Jörg Lederer (um 1470–1550).[4] Werke von Michael Zeynsler besitzen neben einigen Gotteshäusern die Museen Berlin, Biberach, Rottweil, Stuttgart.

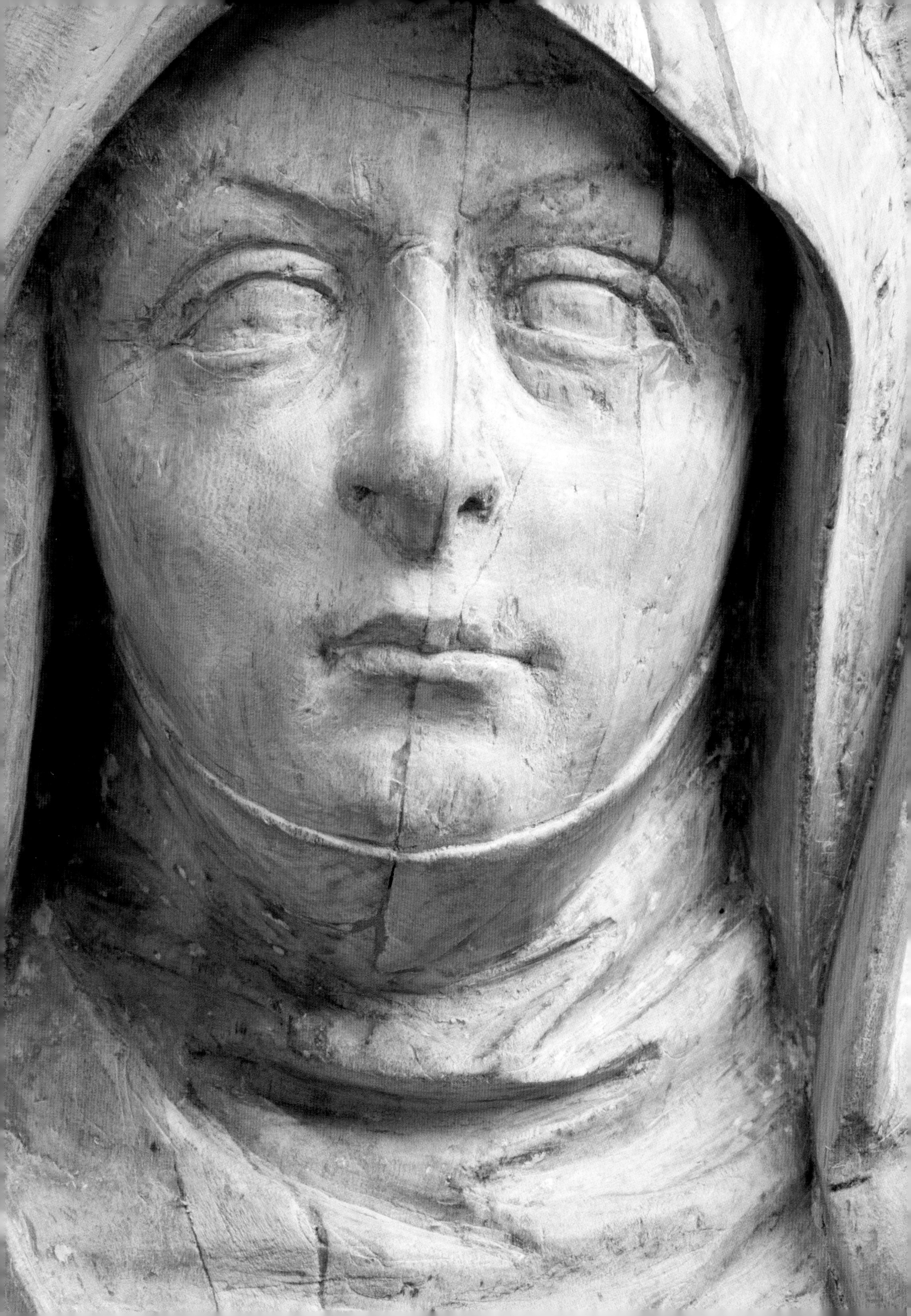

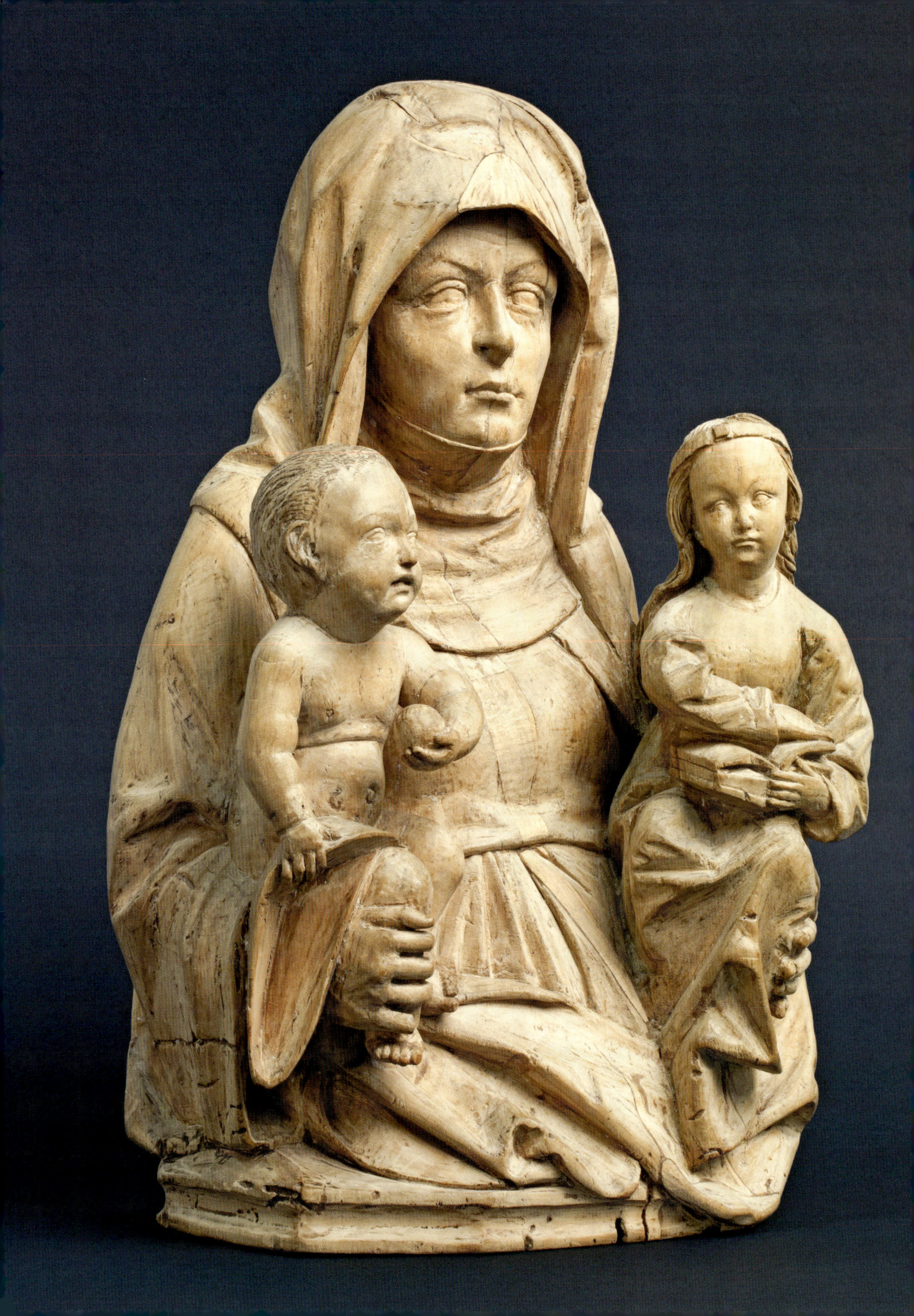

ANNA SELBDRITT

Michael Zeynsler (Umkreis)
Biberach a. d. Riß, um 1520
Linde, vollrund, ursprünglich gefasst
H 33 _ B 21 _ T 13 cm

Zustand

Bei der vollrund, mit gekehltem Sockel gearbeiteten Figur ist die Unterseite konisch gehöhlt. Ovale und schlitzförmige Kerben in der Standfläche und der abgeschnittene Dübel in der Kalotte des Kopfes rühren von der Einspannvorrichtung der Werkbank her. Vier runde Löcher mit Dübelresten dienten der Befestigung des Bildwerkes.

Bei Anna fehlt an der rechten Hand die Spitze des kleinen Fingers, bei Maria gibt es links am Kopf etwas Abgebrochenes; weitere kleine Abbrechungen sind der Daumen der rechten Hand und ein Zwickel einer Buchseite. Spätere Ergänzungen sind ein gut sichtbares dreieckiges Stück am vorderen Teil des Kopftuches von Anna und die Daumenkuppe ihrer rechten Hand. Bei Maria und dem Jesuskind sind die Nase, die linke Hand mit der Kugel, der kleine Finger der rechten Hand und drei Zehen des rechten Fußes ersetzt. Mehrere spätere Ausspänungen zum Verschluss von entstandenen Rissen am Kopftuch von Anna sowie, an ihrer Brust – durch einen schräg von oben nach unten verlaufenden Keil – sind an der Figur vorgenommen worden. Kleinere Flickungen stammen aus unterschiedlichen Zeiten. Manche Schwundrisse und Wurmgänge wurden mit braunem Wachs gefüllt.

Von einer ursprünglichen Fassung zeugen Kreidegrundreste in den Tiefen der Falten der abgelaugten Figur. Durch mechanische Einwirkungen hat die Oberfläche gelitten.

Auf der Unterseite, ein Zettel mit der Aufschrift „Nr. 592 / Ulm, um 1500 / Lindenholz / KGNG".

Mit „Anna selbdritt" wird eine Darstellung der Mutter der Gottesmutter Maria in Gemeinschaft mit ihrer Tochter Maria und ihrem Enkelkind Jesus bezeichnet. Die in den neutestamentlichen Schriften nicht genannte Anna wird zusammen mit ihrem Gemahl Joachim als dem Vater der späteren Gottesmutter im apokryphen, etwa in der Mitte des 2. Jahrhunderts nach Christus verfassten, nicht zuletzt auf die Bildwelt höchst einflussreichen sogenannten „Protevangelium des Jakobus" in die Tradition des Christentums eingeführt. Die Evangelien ergänzend, erzählt das Protevangelium des Jakobus die Vorgeschichte der Geburt Mariens und Ereignisse um die Geburt Christi. Zu den Kernstücken des Protevangeliums gehört die Geschichte des unter ihrer jahrzehntelangen Kinderlosigkeit leidenden Paares Anna und Joachim. In Analogie zur Abraham-Sara-Geschichte des Alten Testaments und der Ankündigung der Geburt Jesu im Neuen Testament wird ihnen von einem Engel die Gnade des Geschenks eines Kindes verheißen (vgl. Protev 4,1–4).[5]

Die Verehrung der heiligen Anna nimmt unter dem Einfluss der Lehre von der Unbefleckten Empfängnis, der Lehre von der Erbsündelosigkeit Mariens, im 14. Jahrhundert einen mächtigen Aufschwung. Die Erbsündelosigkeit Mariens macht ihre Mutter, die „mater matris Dei", die „Mutter der Mutter Gottes", zu einer Ausnahmeerscheinung; denn nach patristischer und mittelalterlicher Vorstellung wird schon bei der Zeugung oder im Mutterleib die Erbsünde (peccatum originale) übertragen. Da Maria nach der Lehre von der Unbefleckten Empfängnis ausgenommen ist von der Erbsünde, bedeutet dies auch eine Auszeichnung ihrer Mutter. Dieser Aspekt adelt überdies die Genealogie des Jesuskindes auf der mütterlichen Seite.[6] Das Drei-Generationen-Bildnis von Großmutter, Mutter und Kind einer „Anna selbdritt" ist somit zugleich eine matriarchalische Genealogie in Analogie zu der im Anfang des Matthäus-Evangeliums entfalteten patriarchalischen Genealogie Jesu.

Die Halbfigur der hier vorgestellten heiligen Anna erwächst aus einem niedrigen, profilierten Sockel. Der Rand dieser Basis wird von einem Teil des Falten werfenden Mantels der Hauptfigur überlappt. Anna trägt einen tief in die Stirn gezogenen Mantel und darunter, wie am Halsbereich zu erkennen, einen sogenannten „Wimpel", ein Kopf, Hals und Kinn verhüllendes, nur das Gesicht frei lassendes Kleidungsstück. Das hoch geschnürte Kleid Annas ist durch die Bindung unterhalb des Gürtels in strahlenförmige Falten gelegt. Auf dem rechten Arm hat Anna das in ihrer Armbeuge sitzende nackte Jesuskind, mit der Hand dessen rechtes Beinchen umfassend, fest im Griff. Auf dem anderen Arm hält sie die bekleidete, mädchenhafte Gestalt ihrer Tochter Maria. Das mit leicht geöffnetem Mund etwas weinerlich wirkende Jesuskind hält als Herrschaftsinsignie eine Kugel in der Hand. Im Schoß Mariens liegt ein aufgeschlagenes Buch. Eine „Sphaira" (Kugel), aus der sich später der „Reichsapfel" entwickelte, ist schon Herrschaftssymbol im byzantinischen Reich.

Das Buch auf der anderen Seite ist ein wenig beachtetes, doch höchst bedeutsames Attribut Mariens. Seit der Patristik, seit der Spätantike wird Maria mit einem Buch verglichen.[7] „Maria geleicht einem puch", wird im Spätmittelalter formuliert.[8]

Dass zunächst die intellektuelle Bildung und die hohe Gelehrsamkeit Mariens veranschaulichende Buch[9], besitzt noch zahlreiche andere Aspekte, die zum Buchvergleich Mariens führen. Besondere Beachtung verdient dabei, dass in Maria „das Wort Fleisch geworden" ist (Joh 1,14) und sie dadurch wie das Buch zum Träger und Behälter des Wortes geworden ist.[10] Der Schoß Mariens – man beachte die Lage des Buches in unserem Bildwerk – ist Epiphanius von Salamis († 403) zufolge das reine, zuvor nicht beschriftete Pergament, der unberührte Papyrus als der Beschreibstoff Gottes zur Eintragung des ewigen Logos bei der Menschwerdung des Gottessohnes.[11]

Der Meister dieses Bildwerkes erscheint im engen Umkreis und Werkstattzusammenhang des Bildhauers Michael Zeynsler, des „Meisters der Biberacher Sippe", beheimatet. „Motivisch lässt sich die Büste an eine" seit 1953 verschollene „stehende Anna selbdritt aus der Werkstatt des Biberacher Meisters anschließen", die sich in der Kapelle von Bergatreute-Abetsweiler befand.[12] In gleicher Weise bieten die stehende Maria mit Buch und der Kopf einer stehenden Anna selbdritt in Biberacher Privatbesitz eine Verifizierung der Zuschreibung.[13] Schließlich lässt sich das pausbäckige, etwas weinerliche Gesicht des Jesuskindes dieser Anna selbdritt mit dem Jesuskind des Hauptwerkes des Michael Zeynsler, dem Bildwerk der Heiligen Sippe im Dominikanermuseum Rottweil, in Verbindung setzen.[14]

Literatur:
Ausst. Kat. Ruef, 423. –
Ausst. Kat. Rottweil 1995, 39–40.

[1] Otto 1962, 9. – Vgl. Weinberger 1927, 23–28.
[2] Rott 1934, 185; vgl. Otto 1962, 6.
[3] Vgl, Otto 1962, 9; Kat. Rottweil 1986, 193.
[4] Kat. Rottweil 1986, 193.
[5] Vgl. Hennecke – Schneemelcher, 340.
[6] Zusammenhang von Anna-Verehrung und Unbefleckter Empfängnis vgl. hierzu Dörfler-Dierken 1992, 47ff.
[7] Vgl. Schreiner 1971, 1437ff.
[8] Ebenda, 1453.
[9] Vgl. ebenda, 1442ff.
[10] Vgl. auch Schreiner 1994, 157f.
[11] Vgl. Schreiner 1971, 1440.
[12] Ausst. Kat. Rottweil 1995, 40. – Vgl. Göbel 1953, 14; der Vergleich kann noch durch die bei Göbel gegebene Abb. 37 gewonnen werden.
[13] Vgl, Göbel 1953, 10 mit Abb. 38.
[14] Vgl. Kat. Rottweil 1986, 194ff. mit Abb. 194.

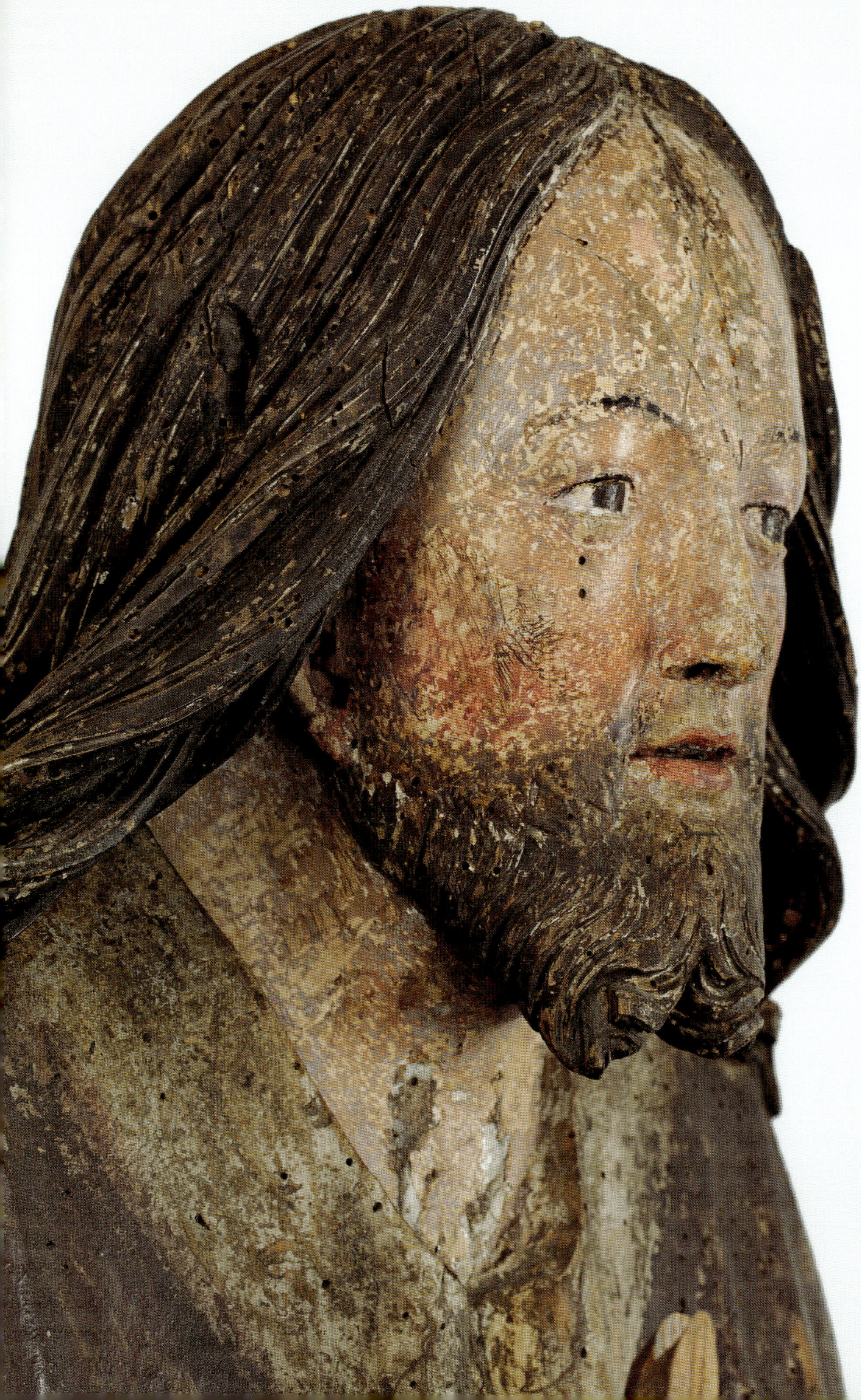

JÖRG LEDERER

Am Ausgang des Mittelalters und an der Schwelle zur Neuzeit tritt noch einmal in Fortsetzung und Weiterführung der Tradition der Bildschnitzkunst Schwabens ein herausragender Bildhauer im Allgäu und benachbarten Tirol in Erscheinung. Der um 1470 geborene Jörg Lederer erhielt 1499 in Füssen das Bürgerrecht: „Item maister Jorig Ledrer der bildhawer ist burger worden", verzeichnet das Füssener Bürgerbuch unter dem Datum 22. Juli 1499.[1] In seinen Wanderjahren erhielt er eine von der Erfahrung Augsburger und Ulmer Kunst des 15. Jahrhunderts ausgehende Prägung.[2] Bei seinen Reisen und Aufenthalten in Ulm und Augsburg kam er in intensive Berührung mit dem Schaffen von Bildhauern wie Hans Multscher, Jörg Stein, Michel Erhart und Gregor Erhart.

Gerade erst Füssener Bürger geworden, kauft sich Jörg Lederer zwischen 1500 und 1507 in die Zunft der Krämer in Kaufbeuren ein. Schon um 1507 hat er sich weit über die Grenzen Oberschwabens den Ruf eines führenden Bildhauers erworben. In Kaufbeuren wird er 1513 Zunftmeister der Bildhauer, in der Folgezeit ist er mehrfach mit städtischen Ämtern und Aufgaben betraut. Zwischen 1513 und 1535 wird „Jerg Lederer, der bildhower", wie sein Name in Archivalien auftaucht, als Pfleger des Heilig-Geist-Spitals der Stadt beurkundet. 1530 und 1532 amtierte er als Stadtammann und hatte damit das höchste städtische Amt nach dem Bürgermeister in Kaufbeuren inne.[3]

Von den Werken Jörg Lederes blieb in Kaufbeuren der 1518 datierte Blasius-Altar für die gleichnamige Kapelle erhalten. Eines der Hauptwerke Jörg Lederers, der Hindelanger Altar von 1519, fand später in Bad Oberdorf bei Hindelang seine Aufstellung.

In den Jahren zwischen 1510 und 1524 hatte Jörg Lederer in Nord- und Südtirol, wie die erhaltenen Werke und Urkunden belegen, ein fruchtbares Aufgaben- und Arbeitsfeld gefunden. Zwischen 1510 und 1515 wird eine Anna-Selbdritt-Gruppe in Reutte zeitlich eingeordnet, 1513 ein Altarretabel in Stuben. 1524 entstand der Altar in Partschins, dessen zerstreute Teile sich gegenwärtig in Rabland und Meran befinden.[4]

Als zentrales Werk der Schaffensperiode Jörg Lederers im südtirolischen Vinschgau begegnet in dem um 1517 bis 1520 realisierten Altar für das Heilig-Geist-Spital in Latsch.[5]

Aus der Zeit nach 1530, in der die Reformation verstärkt ihre Auswirkungen auch in den Städten des Allgäu zeitigt, sind keine Werke von Jörg Lederer mehr bekannt. 1550 starb der Bildhauer in Kaufbeuren. Werke von Jörg Lederer befinden sich heute, seinen künstlerischen Rang unterstreichend, u. a. in den Museen von Berlin, Brixen, Budapest, Innsbruck, München, Nürnberg, Oslo, Paris und Zürich.

CHRISTUS AUF DEM PALMESEL

Jörg Lederer
Kaufbeuren, um 1520
Linde (Christusfigur und Esel), Nadelholz (Brett);
vollrund gearbeitet, überfasst.
H 153 _ L 135 _ Höhe Christusfigur 128 cm

Zustand

Der Körper des Esels ist aus einem Block geschnitzt mit Ausnahme der Beine, des Schweifs, der Ohren und des Mauls, die, separat gefertigt, angesetzt sind. Ebenfalls aus einem Stück geschnitzt – bis auf die in späterer Zeit, im Barock, auch ergänzten Hände und Füße – wurde der Christuskörper.

Beide Figuren sind von Anobienfall betroffen gewesen. Beim Esel wurden ergänzt die Vorderbeine bis knapp unter Kniehöhe, die rechte Hinterhand und der Schweif. Ergänzt ist ein größerer Teil der Kruppe. Geringfügige Holzausbrüche gibt es an der Mähne.

In der Sitzfläche der Christusfigur zeugen zwei Bohrlöcher und in deren Kopf ein abgeschnittener Dübel von der Einspannvorrichtung bei der Ausführung des Schnitzwerkes. Die Christusfigur wurde mit einem drei Zentimeter dicken Dübel und einem entsprechenden Loch im Eselsrücken befestigt.

Das Haupt der Jesusfigur zeigt Ausbrüche an den linken Haarsträhnen. Am rechten Oberschenkel wurde ein Stück erneuert. Ein breiter, von der Brust bis zum Schoß verlaufender Schwundriss an der Christusfigur wurde mit Wachs ausgefüllt. Ein kleinerer Schwundriss durchzieht vom Scheitel her bis in Augenhöhe die Stirn. Im Kopf sind seitlich und an der Kalotte schmale, rechteckige Einkerbungen vorgenommen worden. Sie dienten drei kreuzförmigen Strahlenbündeln eines Nimbus als Halterung. Es fehlen Zeige- und Mittelfinger der segnend erhobenen rechten Hand, desgleichen ein rechter und ein linker Zeh.

Die Fassung besteht aus Resten der Originalfassung, einer Übermalung des 19. Jahrhunderts und zahlreichen Retuschen. Der Esel wurde auf weißer Grundierung mit wässrig gebundener grau-brauner Farbe bemalt. Der Purpurmantel des Heilandes wurde gleichfalls auf weißer Grundierung mehrschichtig in Temperamalerei ausgeführt. Auf gelbem Bolus sind die Säume polimentvergoldet. Unter ungeeigneten Bedingungen und unsachgemäßen Restaurierungen haben Holz, Originalfassung und die Inkarnate gelitten.

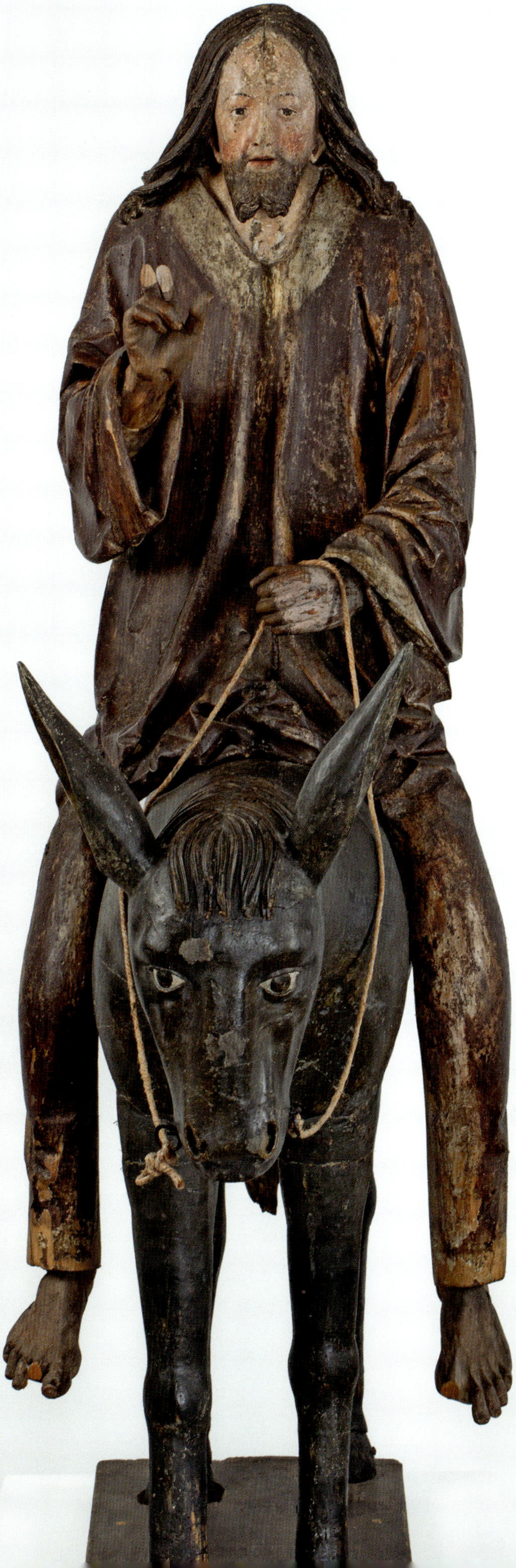

Die Hand grüßend und segnend erhoben, zeigt dieses Bildwerk die Gestalt Jesu bei seinem von allen vier Evangelisten geschilderten Einzug in Jerusalem vor seiner Passion und Kreuzigung.[6]

Von einer begeisterten Volksmenge mit „Hosanna"-Rufen, was übersetzt „Herr hilf!" bedeutet, begrüßt, wird er als Hoffnungsträger, als neuer Heilsbringer, „König" und Friedensfürst, wie vom Propheten Jesaja verheißen (vgl. Jes 40,9), empfangen (Joh 12,13). Schon das Reittier Jesu, der Esel, galt den Menschen von Jerusalem als Erfüllungszeichen alttestamentlicher Prophetie. Der König des Heils und Friedensfürst kommt nach der Ankündigung der Propheten Sacharja auf einem jungen Esel, „dem Fohlen einer Eselin" (Sach 9,9; Joh 12,15).

Die Menschen tragen beim Empfang Jesu in Jerusalem Palmzweige in ihren Händen. „Da nahmen sie Palmzweige, zogen hinaus um ihn zu empfangen", schreibt der Evangelist Johannes (12,123), und nach Matthäus haben „viele Menschen ihre Kleider auf der Straße" ausgebreitet, „andere schnitten Zweige von den Bäumen und streuten sie auf den Weg" (Mt 21,8).

Von den Palmzweigen hat der Sonntag vor Ostern, der Sonntag am Beginn der Karwoche, der Woche des liturgischen Begehens der Passion Christi und seines Todes am Kreuz, den Namen Palmsonntag (Dominica Palmarum). Hiervon leiten sich auch die Bezeichnungen „Palmesel" und „Palmeselchristus" ab.

Der Palmesel selbst diente der bildlichen Vergegenwärtigung und Veranschaulichung des gottesdienstlich Gefeierten. Nach einem neueren Begriff für solche in der Liturgie verankerten Bildwerke, wozu beispielsweise auch die Figuren eines „Grablegechristus" oder eines „Auferstehungschristus" zählen, gehört er zu den mit dem Gottesdienst und gottesdienstlichen Formen verbundenen „handelnden Bildwerken".[7]

Vom liturgischen Gebrauch des Palmesels haben wir sichere Nachricht seit dem 10. Jahrhundert, wobei seine Anfänge sogar bis in die Zeit um 700 im Kloster Bobbio in Oberitalien zurückreichen könnten.[8] Die Palmsonntagsprozessionen haben ihren Ursprung in verwandten, schon im 5. Jahrhundert aus Jerusalem berichteten Feiern.[9] Von Bischof Ulrich von Augsburg (890–973) weiß die älteste Lebensbeschreibung des von 923 bis 973 im Bistum Ausgburg wirkenden Heiligen, dass er zu seiner Zeit schon in der Palmsonntagsprozession eine plastische Darstellung eines auf einem Esel reitenden Christus (effigies sedentis domini super asinum) habe mitführen lassen. Sein Biograph Gerhard von Augsburg schildert, wie am Palmsonntag Bischof Ulrich die heilige Messe zu Ehren der Dreifaltigkeit gefeiert und die „Palm- und die Laubzweige gesegnet habe". Dann sei er von der Kirche St. Afra „mit dem Evangeliar, mit Vortragekreuzen und Fahnen und mit einem Bildnis des auf einem Esel sitzenden Herrn zusammen mit dem Klerus und der gesamten Volksmenge mit Palmzweigen in den Händen und den zur Feier des Tages bestimmten Gesängen mit großer Pracht" zum Hügel der Perlach-Kirche gezogen.[10] Es ist die früheste Quelle, in der wir vom Brauch des Mitführens eines Palmesels hören und in der ein solcher explizit beschrieben wird. Die Palmesel gehörten im Mittelalter und noch in der Barockzeit gewissermaßen zur Grundausstattung von Pfarrkirchen, waren also sehr häufig. Erst die kirchliche Aufklärung um 1800 verlangte strikt die Beendigung dieses Brauchs und Verbot die Verwendung von Palmeseln. Viele dieser Skulpturenensembles waren damit der Vernichtung preisgegeben.

Aus dem Depot des Ferdinandeums in Innsbruck gelangte denn auch diese Figurengruppe eines „Christus auf dem Palmesel" in der zweiten Hälfte des 20. Jahrhunderts in den Kunsthandel. Im Vergleich mit anderen Werken Jörg Lederers, nicht zuletzt mit dem Christus der Marienkrönung in Berlin, hat Heribert Meurer sie als eigenhändiges Werk Jörg Lederers bestimmt: „Der fein modellierte Kopf mit der hohen Stirn und den teils parallel geführten, teils gegeneinander drehenden Strähnen spricht dafür, dass die Christusfigur ein eigenhändiges Werk des Kaufbeurer Meisters genannt werden darf."[11]

In Nachahmung realistischer Reitsituation sitzt der mit einem langen – von seiner ursprünglichen Purpurfarbe her königlichen – Gewand bekleidete Christus auf dem Esel. Die Sitzhaltung lässt das Gewand einerseits auf dem Eselsrücken eine bauschige, knittrige Faltenformation ausbilden, zum anderen strafft sie das Tuch an den Beinen, die in ihren anatomischen Verhältnissen bildhauerisch erfasst sind. Gerade die durch das Aufstehen des Gewandes am Eselsrücken entstehenden „Faltenmotive", „die immer wieder von kleinen Dellen unterbrochenen ‚Knautschzonen'", seien „typisch", so Heribert Meurer, „für alle Werke des Allgäuer Bildhauers Jörg Lederer."[12] Ein Anhauch freudiger Erwartung oder freudigen Erstaunens erfüllt das Antlitz Christi. Sein Blick ist konzentriert nach vorn gerichtet, der von einem zweigeteilten Kinnbart umgebene Mund – Zähne sichtbar machend – leicht lächelnd geöffnet.

Das vorliegende Werk dokumentiert kunsthistorisch zugleich eine Weiterentwicklung Lederers mit einer beginnenden Distanzierung von früheren, noch der Spätgotik verhafteten Arbeiten hin zur Renaissance. So zeuge die Behandlung der Physiognomie, mit den sich am Gesicht Christi zeigenden „zarten Hautschwellungen von den Wangen bis zur Nase ... von dem natürlichen Menschenverständnis dieses Renaissance-Künstlers."[13] Bei aller Habhaftigkeit verbinden sich Natürlichkeit und tiefer Sinn für das Wirkliche in dieser Palmeselskulptur mit einem Moment des Visionären und Vergeistigten.

Literatur:
Kat. Pahl-Mehringer 1978, 16–18.
– Kat. Mehringer 1980, 40f. –
Meurer 1983, 25–31. – Ausst. Kat. Rottweil 1995, 43–46.

[1] Zitiert nach Dussler 1963, 11.
[2] Vgl. ebenda. 10f.; Kahsnitz 2005, 389.
[3] Vgl. ebenda, 18f.; ebenda, 389f.
[4] Vgl. Kahsnitz 2005, 388.
[5] Zum Altar in Latsch ausführlich Kahsnitz 2005, 386–392.
[6] Vgl. Mt 21,1–10; Mk 11,1–11; Lk 19,28–38; Joh 12,12–19.
[7] Zum Begriff vgl. Tripps J. 2000.
[8] Vgl. Meurer 1983, 31 Anm. 3.
[9] Vgl. Tripps J. 2000, 95f.
[10] Übers. W.U. – Gerardus Vita Uodalrici, 124, 41–48:
„..... missam de sancta trinitate cantabat et ramis palmarum diversarumque frondium benedicebat evangelioque et crucibus et fanonibus et cum effigie sedentis domini super asinum cum clericis et multitudine populi ramos palmarum in manibus portantes et cum cantationibus ad honorum eiusdem diei compositis et cum magno decore pergebat usque ad collem perleich" – Vgl. Tripps J. 2000, 95.
[11] Meurer 1983, 28.
[12] Ebenda.
[13] Ebenda.

ENGEL

Daniel Mauch (Umkreis)
Ulm, um 1520/30
Linde, vollrund, überfasst
H 76,5 _ B 23 _ T 23 cm

Zustand

Die Flügel des Engels, die ursprünglich in den beiden länglichen Vertiefungen am Rücken fixiert waren, sind nicht erhalten. Die drei Bohrungen unterschiedlichen Durchmessers, die sich unterhalb des Nackens und zwischen den Schulterblättern befinden, dienten eventuell der Befestigung der Figur. Die linke Hand wurde am Gelenk neu angeleimt, ihre Finger sind bis auf den abgebrochenen Daumen ergänzt. Im Sockelbereich sind die Faltenstege des Gewandes größtenteils bestoßen. Schwundrisse und Beschädigungen der Oberfläche wurden mit Holzkitt geschlossen, der zum Teil wieder ausgebrochen ist. Die mittelalterliche Fassung der Skulptur wurde abgelaugt, sodass nur noch Reste von Leinwand und Kreidegrund vorhanden sind. Die blauen und roten Farbspuren stammen von neueren Retuschen. Der an einigen Stellen noch zu erkennende rote Bolus, mit dem die Oberfläche des Gewandstoffes grundiert war, deutet auf eine Vergoldung hin.

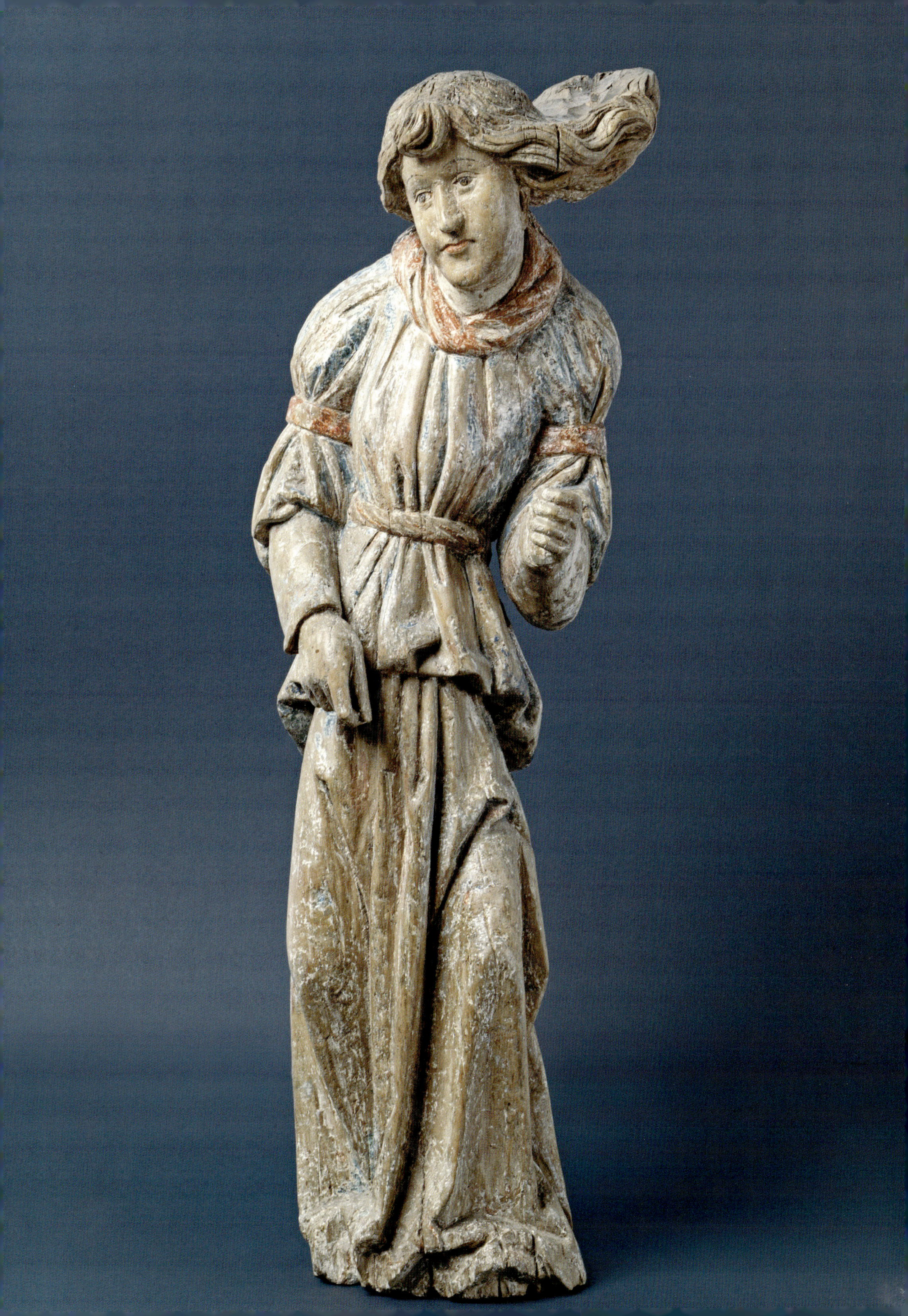

Der Oberkörper der grazilen, überlängten Figur ist leicht nach links, der Kopf in die Gegenrichtung geneigt. Während die rechte Hand in Höhe der Hüfte aufliegt und nicht vollständig freiplastisch gearbeitet wurde, ist die linke erhoben und muss ursprünglich einen Gegenstand gehalten haben. Bekleidet ist die Figur mit einem langen, sowohl die Füße als auch die Standfläche verhüllenden Gewand, das zwischen den sich darunter abzeichnenden Knien in Parallel- und Diagonalfalten herabfällt. Durch eine gedrehte Kordel ist der Stoff in der Taille gegürtet und bildet einen Überschlag. Auch die Ärmel sind mithilfe flacher Bänder geschnürt und formen über den Ellenbogen einen Stoffwulst aus. Am Halsausschnitt ist ein gefälteltes Amikt zu erkennen.[1] Auffällig sind die an der linken Seite, fast horizontal auswehenden Haare der Skulptur.

Sehr wahrscheinlich wurde die Schnitzarbeit für das Gesprenge eines Altares angefertigt und diente dort als Assistenzfigur. Engel in Altarauszügen kommen häufig neben den Szenen der Kreuzigung, des Schmerzensmannes oder des Jüngsten Gerichts vor. Als rahmende Figuren halten sie die Leidenswerkzeuge (*Arma Christi*), Musikinstrumente oder Rauchfässer. Da die seitlich empor gewehten Haare des Engels nicht auf die Bewegung der Figur zurückgeführt werden können, wäre es vorstellbar, dass sich die Dynamik aus der Hauptszene des Altars heraus entwickelte und die Skulptur durch einen „Windstoß" miteinbezogen wurde. In diesem Fall könnte der Engel das zentrale Geschehen – seiner Bewegungsrichtung entsprechend – links flankiert haben. Sollte dies die ursprüngliche Aufstellung gewesen sein, ist davon auszugehen, dass das Bildwerk ein Pendant besaß, das auf der rechten Seite des Altars stand und sich ebenfalls der Mitte zuwandte.

Der Engel entstand sehr wahrscheinlich im Umkreis des Ulmer Bildhauers Daniel Mauch (um 1477–1540), der zu den führenden Bildhauern an der Schwelle vom ausgehenden Mittelalter zur Frühen Neuzeit gehörte. Mauch werden zwei Engelsfiguren im Städtischen Museum Ehingen und im Ulmer Museum zugeschrieben, zu denen die hiesige Skulptur Parallelen aufweist: die Körperhaltung, die charakteristische Schnürung des Gewandes an Hüfte und Armen, die Knickungen des Stoffes am linken Oberschenkel sowie die zu dicken, leicht gewellten Strähnen angeordneten Haare und die kleinen Stirnlocken.[2] Die Gewandgestaltung und die aufwehenden Haare finden sich darüber hinaus an anderen Kunstwerken des Ulmer Meisters – zum Beispiel auf dem linken Altarflügel mit dem heiligen Rochus des Geislinger Retabels (um 1520), auf dem Barbararetabel in der Neithartkapelle des Ulmer Münsters (um 1520) und im Relief mit der Bestattung der heiligen Katharina im Museum Mayer van den Bergh in Antwerpen (um 1520).[3]

Während verschiedene Motive des Engels den Skulpturen Mauchs entsprechen, fallen andererseits auch Unterschiede auf. So ist sein Körper insgesamt schmaler, sind seine Proportionen gestreckter. Obwohl das Standmotiv des Bildwerks jenem in Ehingen gleicht, weicht es in den Details davon ab: Zum Beispiel liegt sein rechter Arm – anders als bei dem Engel Mauchs – am Körper an und die Bewegung des linken Arms ist weniger ausholend als dort. Scheinen die Gewänder in der Gesamtanlage übereinzustimmen, lassen sich in den Feinheiten wiederum Unterschiede feststellen. Das Gewand der Ehinger Figur ist am Oberkörper faltenlos gestaltet, wohingegen sich bei dem hiesigen Engel die unterhalb der Gürtung verlaufenden Faltenwürfe auch darüber fortsetzen. Die Gewandärmel der

Skulptur in Ehingen weiten sich an den Handgelenken und werfen kleine Rillenfalten auf; dagegen sind die Ärmel des Bildwerkes in Rottenburg mit ihrem geraden und faltenlosen Abschluss einfacher gehalten. Ebenso das Gesicht, das mit seinem ausgeprägten Kinn, den schmalen, leicht vorgeschobenen Lippen und der geraden Nase dem Werk Mauchs nahesteht, bei genauer Betrachtung jedoch massiger und gröber gearbeitet erscheint. Daher ist anzunehmen, dass der Bildschnitzer des Engels nicht der Werkstatt Daniel Mauchs direkt angehörte, jedoch aus deren Formensprache schöpfte. *M.P.*

Literatur:
Ausst. Kat. Rottweil 1995, 47–50, Nr. 12.

[1] Amikt (auch Humerale oder Schultertuch): rechteckiges Tuch aus weißem Linen, das Bischöfe, Priester und Diakone bei der Messfeier unter der Albe tragen.

[2] Zur Engelsfigur in Ehingen siehe Wilm 1942, 153; Kat. Böhler 1980, 26f., Nr. 8; Wagini 1995, 136, Nr. 10; Ausst. Kat. Ulm 2009, 215ff., Nr. 30. Zur Engelsfigur in Ulm siehe Ausst. Kat. Ulm 2009, 212ff., Nr. 29.

[3] Zum Geislinger Altar siehe Wagini 1995, 47–57 und ebd. 148f., Nr. 42; Ausst. Kat. Ulm 2009, 199ff., Nr. 26. Zum Barbararetabel siehe Wagini 1995 173, Nr. 113. Zum Relief mit der Bestattung der heiligen Katharina siehe Wagini 1995, 135, Nr. 7; Ausst. Kat. Ulm 2009, 210f., Nr. 28b.

DANIEL MAUCH

Zu den großen und einflussreichen Bildhauern, die mit dem Kunstschaffen Ulms verbunden und aus Ulm hervorgegangen sind, zählt der wohl 1477 in der Donaustadt geborene Daniel Mauch. Seine Ausbildung dürfte in den Jahren 1490 bis 1496 erfolgt sein. Ins Steuerbuch der Stadt wurde er 1499 eingetragen. Er ehelichte 1502 oder 1503 Rosa Stocker, die Tochter des Ulmer Malers Jörg Stocker. Mit der Heirat eröffnet er in Ulm die eigene Werkstatt. Als Bildhauer erscheint er allerdings erst im Jahre 1508 in den Archivalien Ulms.

Von Daniel Mauch stammen im süddeutschen Umfeld der Altar der heiligen Sippe in Bieselbach von 1510 und der Altar der ehemaligen Sebastiansbruderschaft in Geislingen an der Steige um 1520. Nach den Ulmer Ratsprotokollen musste Daniel Mauch immer wieder auswärts sein Brot suchen. Das Vordringen der bilderfeindlich gestimmten Reformation ließ die Nachfrage nach Bildwerken erlöschen. In Lüttich fand Daniel Mauch 1529 eine neue Wirkungsstätte. Hier starb er im gleichen Jahr wie seine Frau Rosa im Alter von 63 Jahren am 15. November 1540.[1]

Daniel Mauch, der nicht nur in Holz, sondern auch in Stein gearbeitet hat, sind einige der besten Werke der Bildschnitzkunst im Übergang von Spätgotik zur Renaissance zu verdanken, wie die Büste einer Madonna mit Kind um 1525 im Ulmer Museum oder die in Lüttich 1529–1535 entstandene sog. „Beselius-Madonna". Werke von Daniel Mauch besitzen neben anderen die Museen in Aachen, Antwerpen, Cleveland, Frankfurt, Freiburg i. Br., Innsbruck, London, Lüttich, New York, Stuttgart.[2]

[1] Zu den biographischen Angaben vgl. Wagini 1995, 17–28.
[2] Vgl. das Werkverzeichnis ebenda, 134–190.

PETER FLÖTNER

Ein Kosmos des Schaffens, ein reiches Tätigkeitsfeld verbindet sich mit dem in Nürnberg im zweiten Viertel des 16. Jahrhunderts wirkenden Künstler Peter Flötner. Der um 1490 geborene Meister gehört in der Ära nach Albrecht Dürer (1471–1528) unter den Künstlern und Kunsthandwerkern zu den Repräsentanten der Renaissancekunst Nürnbergs, der vor allem durch seine Druckgrafik einen weiten Wirkungskreis sich erschlossen hat. Am 1. Oktober 1522 beschloss der Rat der Stadt Nürnberg, so das wichtigste Datum für die Nürnberger Schaffenszeit des Peter Flötner, „den frembd pildschnitzer von onolzbach [Ansbach], maister peter genannt", als Bürger aufzunehmen.[1] Ein Jahr später, am 8. Oktober 1523, leistet er den Bürgereid.[2]

Zu seinen großen Aufträgen gehört der von Kardinal Bernhard von Cles in Trient bestellte Apollonbrunnen von 1532. Mit anderen Nürnberger Künstlern wie Hans Dürer, Georg Pencz, Pankraz Labenwolf, Melchior Baier war er beteiligt am 1531–1538 entstandenen Silberaltar für die Sigismundkapelle auf dem Wawel in Krakau.[3]

In einem knappen Vierteljahrhundert hat Peter Flötner ein ebenso vielseitiges wie umfangreiches Oeuvre hinterlassen. Er war nicht nur als Bildhauer tätig, sondern auch als Architekt und Innenausstatter (Kamin im Nürnberger Hirsvogelsaal von 1534), als Formschneider und Druckgrafiker,[4] als Medailleur und Plakettenbildner.[5] Am 23. Oktober 1546 läutete für ihn in Nürnberg die Totenglocke.[6]

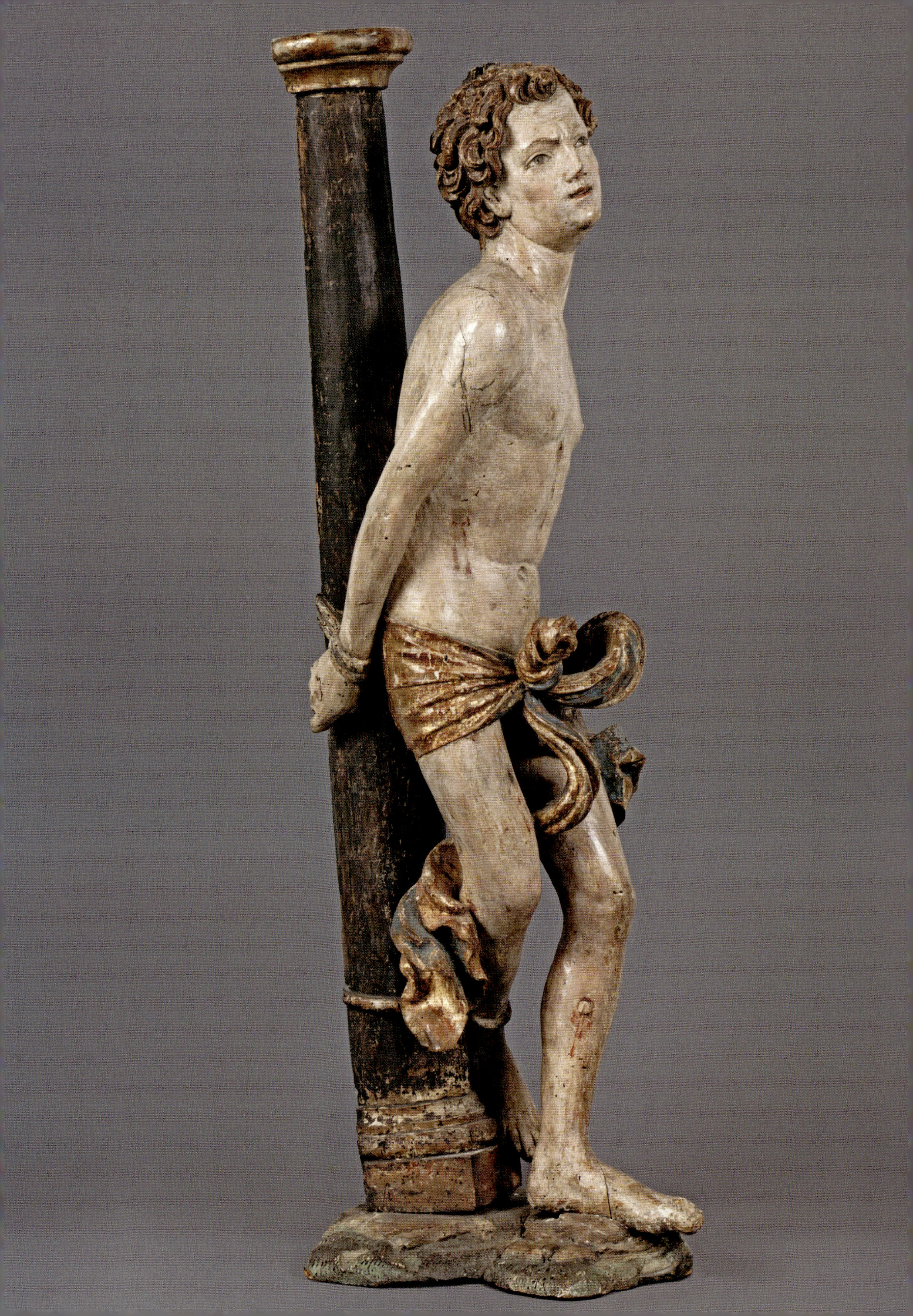

HEILIGER SEBASTIAN

Peter Flötner
Nürnberg, um 1525
Lindenholz, vollrund, gefasst
H 96 _ B 27,5 _ T 30,5 cm

Zustand

Die Gestalt des Sebastian ist vollrund geschnitzt, am Rücken jedoch blieb die vernachlässigte, darum gröber bearbeitete Partie entlang des Rückgrats direkt gegenüber dem Säulenschaft ungeglättet. In der Kopfkalotte befindet sich ein offen gebliebenes, tiefes Loch von der Einspannvorrichtung. Ebenso rührt das größere der drei mit abgeschnittenen Holzdübeln verschlossene Loch in der Standfläche der Plinthe vom Einspannen während des Arbeitsprozesses. Die beiden anderen parallel angeordneten Löcher gehören zur Befestigung der Säule.

Die separat gefertigte Säule wurde mit Rücksicht auf die vorgesehene Aufstellung an einer Wand nur dreiviertelsrund ausgeführt. Von dieser Disponierung her sind auch die an die Säule gebundenen Hände und Finger des Sebastian auf der Rückseite abgeflacht.

Die restauratorische Freilegung erbrachte die originale, über weißlicher Grundierung aufgebaute Fassung der Skulptur mit der Vergoldung. Am Rücken ist das Inkarnat schon ursprünglich weniger sorgfältig aufgetragen.

Die Holzfigur zeigt geringe Spuren von Wurmfraß. Verlorengegangen sind die sieben getrennt geschnitzten Pfeile, die links im Hals, in der Brustmitte, an der rechten Seite, am linken Unterbauch, am linken Oberarm, im rechten Oberschenkel und im linken Unterschenkel steckten. Die Einschusslöcher der Pfeile sind in einem späteren Vorgang gefüllt worden. Ergänzt sind das Säulenkapitell und der Schollensockel.

HEILIGER SEBASTIAN 100

Der nackte, nur mit einem Lendentuch bekleidete Märtyrer Sebastian steht von sieben Pfeilen getroffen mit beiden Händen rückwärts an eine Säule gefesselt auf einer flachen, eine Grasscholle imitierenden Plinthe. Der Oberkörper ist fallend, nur von der Fesselung gehalten, leicht nach vorn geneigt. Der etwas nach rechts gerichtete Kopf mit wuscheligem kurzen Haar wendet gleichzeitig den Blick zum Himmel. Den noch jugendlich, fast zart erscheinenden nackten Körper bekleidet nur ein Lendentuch. Das an seinen langen Enden wulstig zusammengewundene Tuch ist um das Becken geschlungen und vorn in der Mitte geknotet. Das linke Ende umkreist, Räumlichkeit erzeugend, in weitem Bogen ausschwingend und rückwärts bogenförmig herabfallend die linke Hüftseite, während das rechte Ende des Lendentuchs, eine Kurve ausbildend, durch die Oberschenkel fällt und hinter dem Knie des rechten Beines ausflattert. Von den kreuzförmig hintereinander gestellten Beinen bildet das linke das nach vorn getretene Standbein. Der leicht angewinkelte, angehobene rechte Unterschenkel ist mit abgespreiztem großem Zeh schräg nach unten gerichtet. Der hier im Moment des größten Schmerzes gezeigte heilige Sebastian wird traditionell als der von Pfeilen getroffene und verwundete Glaubenszeuge dargestellt. Die Pfeilwunden kennzeichnen an dieser Figur, wie gerade an der Brust, am Hals, am linken Unterbauch oder am rechten Oberschenkel ersichtlich, die noch erhaltenen aufs Inkarnat aufgetragenen Blutspuren.

Der dem christlichen Glauben innigst verbundene Sebastian war in Narbonne geboren und in Mailand erzogen worden. „Den römischen Kaisern Diokletian und Maximian war er so teuer, dass sie ihm den Oberbefehl der ersten Kohorte übertrugen und unter seiner Aufsicht ihren ständigen Schutz sehen wollten."[7] Sebastian war hineingezogen in die Christenverfolgung der Zeit durch Kaiser Diokletian und Maximian, insbesondere der Zwillingsbrüder Marcellianus und Marcus. Er stärkte die Todeskandidaten und tröstete deren Mutter durch seine Rede von der zu erwartenden himmlischen Herrlichkeit. Durch sein überzeugtes Auftreten und seine Wundertaten werden zahlreiche Menschen zum Glauben und zur Taufe geführt.

Der mit dem Verfahren gegen die Zwillinge betraute Richter jedoch meldete den Kommandanten der kaiserlichen Wache bei Diokletian und Maximian und verklagte Sebastian als Christ. Dem herbeizitierten Sebastian erklärte Diokletian seine Enttäuschung über ihn und sein Verhalten. Immer habe er ihn wie einen der Ersten in seinem Palast behandelt, „und du bist die ganze Zeit heimlich gegen mein Wohl und das Recht der römischen Götter tätig gewesen."[8] Worauf Sebastian erwiderte, er habe immer auch zum Heil des Kaisers und zum Bestand des römischen Reiches Christus verehrt und den einen Gott, der im Himmel ist, angebetet. „Da befahl Diokletian, ihn inmitten des Militärgeländes anzubinden und ihn von den Soldaten mit Pfeilen beschießen zu lassen. Den so mit Pfeilen Übersäten, dass er wie ein Igel aussah, ließen sie einfach, da sie ihn für tot hielten, stehen und gingen weg."[9]

Da unerklärlicherweise Sebastian über mehrere Tage hinweg gefesselt diese Hinrichtung überlebt hatte, gab der Kaiser den Befehl, „ihn so lange mit Knütteln zu prügeln, bis er den Geist aufgebe", und den Leichnam in die Kloake Roms zu werfen, damit ihn die Christen nicht als Märtyrer verehren können. Um das Jahr 287, in den Anfängen der Herrschaft Diokletians und Maximians, so der Passionsbericht der Legenda aurea, habe diese Leidensgeschichte stattgefunden.[10]

Der in der Folgezeit dennoch schon unmittelbar nach seinem Tod verehrte Sebastian gewann in Kirche und Volk eine weitreichende Popularität. Seine vielfältige Verehrung als Soldaten- und Schützenheiliger gewinnt in Spätmittelalter und früher Neuzeit noch den besonderen Aspekt eines Seuchenpatrons bei Mensch und Vieh.

Der Pfeil oder die Pfeile als sein Attribut besitzen einen Bezug zu Seuchen wie Pest und Cholera. Die grassierenden Krankheiten, die unerwartet wie lautlose Pfeile treffen, haben ihre Deutung nicht zuletzt aus der Stelle von Psalm 91,5–6: „Du brauchst dich vor dem Schrecken der Nacht nicht zu fürchten, noch vor dem Pfeil, der am Mittag daherfliegt, nicht vor der Pest, die im Finstern schleicht, vor der Seuche, die wütet am Mittag."

Diese ursprünglich mit herausragenden Schäften der Pfeile bespickte Sebastiansstatue von Peter Flötner muss gerade im Kontrast zur jugendlich unschuldig wirkenden Gestalt des Märtyrers ein erschütterndes Erscheinungsbild geboten haben. Bereits zur Renaissance weisend, ist die Körperlichkeit des Sebastian.[11] Hier bestehen auffällige Gemeinsamkeiten bis hin zu Details wie dem „Wuschelkopf" mit dem in Nürnberg präsenten Bild eines männlichen Aktes, wie ihn einflussreich Albrecht Dürer mit seinem Adam des Kupferstichs von 1504 „Der Sündenfall" vorgelegt hat.[12] Doch ist im Sebastian Peter Flötners bei aller Tendenz zu Neuem noch eine Zwischenstellung zwischen Gotik und Renaissance zu spüren, in der ein neues Ideal des Menschen und seiner Körperlichkeit mehr als Herausforderung angenommen, denn als eigentlich verwirklicht erscheint.[13]

Hervorstechend freilich der Sinn für anatomische Details, wie die Wiedergabe der Bewegung der Zehen an den Füßen, das Abspreizen des großen Zehs; hervorstechend auch, wie die Figur durch das Ausschwingen des Lendentuchs sich den Raum erobert und in diesen hinein wirkt. Durch das Hochschwingen des Lendentuchs wird in realistischer Intention das Erzittern und Erbeben des von starken Pfeilschüssen getroffenen Körpers vorstellbar gemacht.

Zur Identifizierung des Werkes als Arbeit von Peter Flötner kann zum Vergleich der um dieselbe Zeit und Schaffensphase 1525 mit „P F" signierte Adam im Kunsthistorischen Museum in Wien herangezogen werden.[14] Beide als männliche Akte ausgeführten Figuren zeigen die gleiche, in Richtung Renaissance gehende und von ihr inspirierte Körperauffassung.[15] Verwandtschaftliche Bezüge lassen sich auch – abstrahierend von den unterschiedlichen zur Verwendung kommenden Materialien, hier Holz, da Bronze – zwischen dem Kopf des Adam und dem des Sebastian konstatieren. Überdies vermag die künstlerische Herkunft des Sebastian die Gestalt des nackten, bogenschießenden Apollon von 1532 unter Berücksichtigung der zwischenzeitlich vollzogenen Entwicklung zu bestätigen. Die für einen Apollobrunnen bestimmte Plastik hatte Kardinal Bernhard von Cles, Bischof von Trient, in Auftrag gegeben. In ihr zeigt sich Flötners reifer Stil gegenwärtig,[16] während im Sebastian – und dies ist kunstgeschichtlich bedeutsam – der Aufbruch zu dieser Reife zu erkennen ist.

Literatur:
Kat. Neumeister 1994, 11f. Nr. 23.

1. Vgl. Dienst 2002, 11; Lange 1897, 13.
2. Die ermittelbaren archivalischen Nachrichten zu Peter Flötner bei Dienst 2002, 21–33.
3. Vgl. Rainer Brandl, Zwischen Kunst und Handwerk. Kunst und Künstler im mittelalterlichen Nürnberg, in: Ausst. Kat. Nürnberg 1986, 59; vgl. Dienst 2002, 497ff.; Dienst 2002, 497ff.
4. Die Druckgrafik nur in Teilen erfasst bei Geisberg III, 775–823; Hollstein 8, 116–160.
5. Eine kritische Sichtung des Werkes bei Dienst 2002, 48ff.
6. Vgl. ebenda, 29f.
7. Übers. W.U. – Legenda aurea 23 (ed. Maggioni, 162,7–163,7): „Sebastianus vir christianissimus, Narbonensis genere, eruditus Mediolani, Diocletiano et Maximiano imperatoribus adeo carus erat ut principatum prime cohortis ei traderent et suo aspectui iuberent semper astare."
8. Übers. W.U. – Ebenda (Ed. Maggioni, 167,87).
9. Übers. W. U. – Ebenda (ed. Maggioni, 167,88–90): „Pro salute tua Christum semper colui et pro statu Romanorum imperii deum qui in celis est semper adoravi. Tunc Diocletianus iussit eum in medium campum ligari et a militibus sagittari. Qui ita eum sagittis impleverunt ut quasi hericius videretur et existimantes illum mortuum abierunt."
10. Übers. W.U. – Ebenda (ed. Maggioni, 167,91–97): „Qui intra paucos dies liberatus stans... Tunc imperator tamdiu eum fustigari iussit donec spiritum exhalaret fecitque corpus eius in cloacam proici ne a Christianis pro martyre coleretur... Passus est autem sub Diocletiano et Maximiano, qui ceperunt circa annos domini CCLXXXVII."
11. Dass auch italienischer Einfluss in den ersten datierten Werken Flötners erkennbar ist, konstatiert bereits Lange 1897, 4f.
12. Zu Dürers Stich vgl. Panofsky 1977, 113 mit Abb. 117.
13. Ich folge hier der zu Flötners „Adam" im Kunsthistorischen Museum in Wien gemachten Analyse von Dienst 2002, 332.
14. Vgl. Ausst. Kat. Nürnberg 1986, 435f. Nr. 246.
15. Zum Renaissancestil des Adam von Peter Flötner, seinen Anklängen an Albrecht Dürers Kupferstich von 1504, an den Orpheus von Peter Vischer d. J. von 1514 vgl. Ausst. Kat. Nürnberg 1986, 436. – Zum „Adam" Peter Flötners vgl. die differenzierte Auseinandersetzung bei Dienst 2002, 320–332.
16. Vgl. ebenda, 439 Nr. 248.

KRUZIFIXUS

Süddeutschland, um 1530 (?)
Linde (?), vollrund, überfasst
Christusfigur: H 31 _ B 31 _ Tiefe 8 cm

Zustand

Die Arme sind wie meist bei Figuren des Gekreuzigten eigens geschnitzt und angesetzt; separat wurde auch die Dornenkrone gearbeitet.

Über der originalen rosafarbenen Inkarnatfassung liegen noch zwei weitere Fassungen. Größere Abblätterungen führen zurück bis auf den Kreidegrund und sind mit modernen Retuschen überdeckt. Das Lendentuch besitzt weitgehend die originale Polimentvergoldung, das Grün seiner Innenseite ist blau übermalt.

Ergänzt sind die frei hängende Haarsträhne und die beiden Strähnen über dem linken Ohr, der vordere Teil der Dornenkrone, die gestreckten Daumen und Finger beider Hände, die vordere Hälfte des linken Fußes und alle Zehen des rechten Fußes mit Ausnahme des kleinen Zehs. Beschädigt ist der obere Faltensteg des Lendentuchs. Seitlich und oben am Kopf sind Löcher zur Befestigung von plastischen Nimbusstrahlen.

Die Kreuzesbalken sind aus dem 19. Jahrhundert. Neu ist ebenfalls die INRI-Tafel; alle Kreuznägel sind ergänzt.

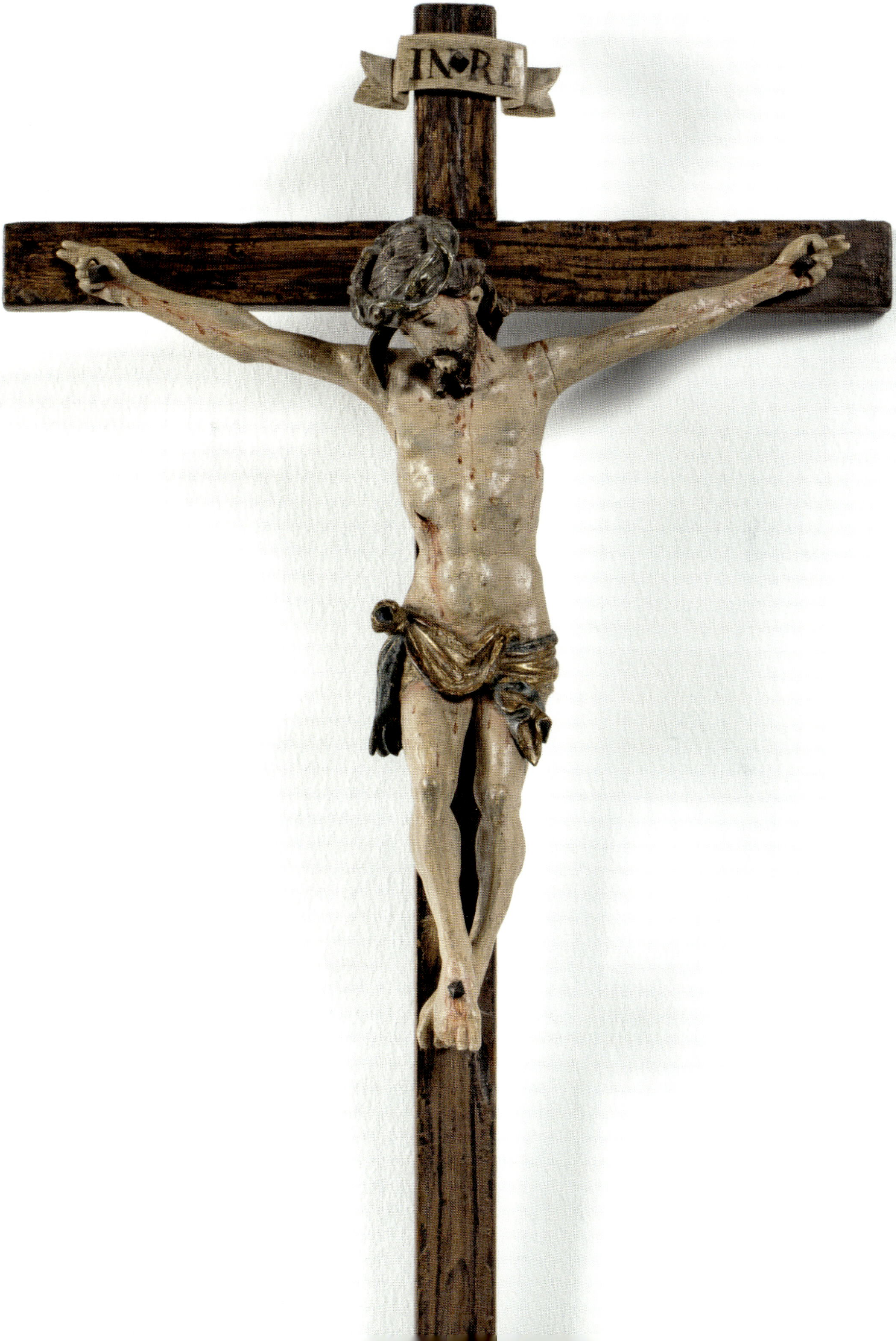
INRI

Die Darstellung des gekreuzigten Jesus Christus hat im vergangenen Jahrtausend unter Bewahrung ihrer Grundzüge doch immer wieder subtile, gleichwohl höchst bedeutungsvolle Wandlungen und Veränderungen erlebt. Eingreifend war der Wechsel vom hoheitsvoll am Kreuz erhobenen Heiland, König und Herrn, wie ihn die Romanik vom 11. bis zum Beginn des 13. Jahrhunderts vor Augen stellte, zum von Schmerz und Passion geprägten Kruzifixus im Fortgang des 13. Jahrhunderts. Nun auch wird Christus zum Zeichen der Vielfalt seines Leidens mit der Dornenkrone am Kreuz dargestellt.

Das hier mit einer schweren, ursprünglich eigens geschnitzten Dornenkrone versehene Haupt Christi ist zum Zeichen des Todes am Kreuz mit einer Wendung nach rechts auf die Brust gesunken. Eine lange Haarsträhne fällt auf die rechte Schulter. Am kräftig ausgebildeten Körper sind die Muskulatur der Arme und der Brust plastisch ausgearbeitet. Am Brustkorb zeichnen sich bei eingezogenem Bauch deutlich die Rippen ab. Die starke Betonung der Rippen des Brustkorbs und des übrigen Knochenbaus, welche seit dem späten 13. Jahrhundert die Kreuzigungsdarstellungen bestimmen, nehmen Bezug auf Psalm 22, dessen Anfang, „mein Gott, mein Gott, warum hast du mich verlassen" (Ps 22,2), Christus nach dem Passionsbericht des Matthäus am Kreuz betet (vgl. Mt 27,46). In diesem von der mittelalterlichen Exegese auf die Kreuzigung bezogenen Psalm heißt es an späterer Stelle: „Man kann alle meine Knochen zählen" (Ps 22,18).

Den Unterleib des Kruzifixus bedeckt ein seitlich geknotetes, parallel laufende Faltenstege aufweisendes, um die Hüften geschlungenes Lendentuch. Während das eine Ende des Textils an der Knotung herabhängt, ist das ein wenig durchhängende, längere andere Ende so durch die Drappierung des Tuchs gezogen, dass es am linken Oberschenkeln wieder hervortritt. Fast waagrecht ausgespannt sind die Arme. An den festgenagelten Händen sind jeweils Ringfinger und Kleiner Finger eingezogen. Die ausgestreckten Finger von Daumen, Zeige- und Mittelfinger entsprechen, ein trinitarisches Symbol bildend, dem traditionellen Gestus einer Segenshand. Gegeneinander gerichtet sind die Knie der Beine. Die übereinander ans Kreuz gehefteten Füße der sichelförmigen Unterschenkel scheren über dem Nagel ein wenig auseinander.

In der Gestalt und Ausführung dieses Gekreuzigten begegnet ein Nachhall, ein Rückgreifen „auf die Tradition der gotischen Schnitzkunst"[1], auf Kreuzigungsdarstellungen des 15. und frühen 16. Jahrhunderts wie jener des Isenheimer Altars (um 1515) von Matthias Grünewald als Höhepunkt. Als Beispiele seien genannt das Kruzifix aus Nellingen (um 1430–35) oder der Gekreuzigte in St. Peter und Paul in Weil der Stadt der Zeit um 1460/70.[2]

Ihnen allen gemeinsam sind die hier ebenfalls vorliegenden Motive des deutlich nach vorn gekippten, leblos auf die Brust gesunkenen Haupts, die Bewegung der Knie gegeneinander und die Drehung, das Ausscheren um den Kreuzesnagel. In der Rezeption der Schilderung des Kreuzestodes in den „Offenbarungen" der Birgitta von Schweden (1303–1373) besitzen wir hierfür eine literarische Quelle. Sein „Kinn fiel auf die Brust" wird das Sterben Jesu beschrieben, „die Knie bogen sich nach einer Seite und die Füße über den Nägeln nach einer anderen Seite wie ein Türhaken."[3] Auf der Grundlage dieses in der Zeit um 1600 nicht mehr wiederzufindenden ikonographischen Befunds wird anstelle der bisherigen Datierungen 1580 und 1600 eine frühere vorgeschlagen, die die Entstehung dieses Kruzifixes in der Zeit um 1530 ansetzt.

Literatur:
Ausst. Kat. Rottweil 1995, 51–52.

1. Ausst. Kat. Rottweil 1995, 51ff.
2. Zum Nellinger Kruzifixus vgl. Kat. Stuttgart 2007, 49ff.; zum Beispiel in Weil der Stadt Urban 191, 16ff.
3. Zitiert nach Stolpe 1961, 124.

LITERATUR

1. Historische und ikonographische Quellen:

Aug De civ
Augustinus De civitate Dei (Migne Patrologia Latina 41).

Ps-Beda: De meditatione passionis Christi
Pseudo-Beda: De meditatione passionis Christi per septem diei horas libellus (Migne Patrologia Latina 94,561–568).

Ps-Bernhard Meditatio in passionem
Pseudo-Bernhard: Meditatio in passionem et resurrectionem Domini (Migne Patrologia Latina 184,741–768).

Biblia sacra iuxta Vulgatam versionem. Rec. Robertus Weber OSB. Tom. I. II. Stuttgart (2. Aufl.) 1975.

Ps-Bonaventura Meditationes (ed. Stallings)
Meditaciones de passione Christi olim sancto Bonaventurae attributae edidit ...
M. Jordan Stallings. Washington 1965.

Denzinger-Schönmetzer
Enichiridion Symbolorum Definitionum et Declarationum de rebus fidei et morum quod primum edidit Henricus Denzinger quod fundus retractavit, auxit, notulus ornavit Adolfus Schönmetzer.
Freiburg i. Br. u. a. (36. Aufl.) 1976.

Ps-Dionysius De div nom
Pseudo-Dionysius Areopagita: Corpus Dionysiacum 1: De divinis nominibus (Patristische Texte und Studien 33). Berlin 1990.

Geradus Vita Uodalrici
Gerardus Augustanus Vita sancti Uodalrici. Die älteste Lebensbeschreibung des heiligen Ulrich. Lateinisch-Deutsch. Mit der Kanonikationsurkunde von 993. Einleitung, kritische Edition und Übersetzung von Walter Berschin und Angelika Häse (Editiones Heidelbergenses 24). Heidelberg 1993.

Greg Magn Super Cant
Gregorius Magnus Super Cantica Canticorum expositio (Migne Patrologia Latina 79,471–548).

Hennecke – Schneemelcher
Neutestamentliche Apokryphen in deutscher Übersetzung der von Edgar Hennecke begründeten Sammlung. Hg. Wilhelm Schneemelcher. Bd. 1. Evangelien. Tübingen (5. Aufl.) 1987.
Legenda aurea (ed. Graesse).

Jacobi a Voragine Legenda aurea vulgo historia Lombardica dicta. Ab optimorum librorum fidem recensuit Th. Graesse (3. Aufl.) 1890 (Fotostatischer Nachdruck Osnabrück 1965).

Legenda aurea (ed. Maggioni)
Iacopo a Varazze [Jacobus a Voragine]: Legenda aurea. Edizione critica a cura di Giovanni Paolo Maggioni (Millenio Medievale 6, Testi 3). Tavarnuzze - Firenze 1998.

Petrus Lomb
Magistri Petri Lombardi Sententiae in IV in libris distinctae. Ed. Collegii S. Bonaventurae. Tom. I. II. Grottaferrata (Romae) 1971. 1981.

Revelationes sanctae Birgittae I
Sancta Birgitta Revelaciones Book I with Magister Mathias' Prologue. Revelationes sanctae Birgittae, Revelaciones liber I cum prologo Magistri Mathie edidit Carl-Gustav Undhagen. Uppsala 1978.

Revelationes sanctae Birgittae VII
Den heliga Birgittas Revelaciones Bok VII. Revelationes sanctae Birgittae, Revelaciones liber VII edidit Birger Bergh. Uppsala 1967.

Rott 1933
Rott, Hans: Quellen und Forschungen zur südwestdeutschen und schweizerischen Kunstgeschichte im XV. und XVI. Jahrhundert. I. Bodenseegebiet. Quellenband. Stuttgart 1933.

Stolpe 1961
Die Offenbarungen der heiligen Birgitta von Schweden, ausgewählt und eingeleitet von Sven Stolpe. Frankfurt a. M. 1961.

LITERATUR

2. Sekundärliteratur

Adelmann 1967
Adelmann, Josef Anselm von: Christus auf dem Palmesel, in: Zeitschrift für Volkskunde 63, 1967, 182–200.

Appuhn 1989
Appuhn, Horst: Meister E. S. Alle 320 Kupferstiche. Dortmund 1989.

Ausst. Kat. Augsburg 1965
Hans Holbein der Ältere und die Kunst der Spätgotik. Augsburg 1965.

Ausst. Kat. Augsburg 2010
Bayern – Italien. Bayerische Landesausstellung 2010. Katalog Hgg. Rainhard Rieperberger, Evamaria Brockhoff, Ludwig Eiber, Michael Nadler, Shahab Sangestan und Ralf Steruppa. Augsburg 2010.

Ausst. Kat. Freising 1987
Vera Icon. 1200 Jahre Christusbilder zwischen Alpen und Donau. Ausstellung im Diözesanmuseum Freising. Freising 1987.

Ausst. Kat. Freising 2010
Engel. Mittler zwischen Himmel und Erde. Hgg. Klaus Peter Franzl u. a. Diözesanmuseum für christliche Kunst des Erzbistums München und Freising. Berlin – München 2010.

Ausst. Kat. Karlsruhe 1970
Spätgotik am Oberrhein. Meisterwerke der Plastik und des Kunsthandwerks 1450–1530. Badisches Landesmuseum Karlsruhe. Karlsruhe 1970.

Ausst. Kat. Nürnberg 1986
Nürnberg 1300–1550. Kunst der Gotik und der Renaissance. München 1986.

Ausst. Kat. Regensburg 2010
Unerträgliche Kreatürlichkeit. Leid und Tod Christi in der spätmittelalterlichen Kunst. Ausstellung und Katalog Stavros Vlachos. Regensburg 2010.

Ausst. Kat. Rottweil 1995
Himmlische Botschaften. Gotische Skulpturen aus Privatbesitz, (Kleine Schriften des Stadtarchivs Rottweil, Bd. 19), bearb. v. Karl Halbauer und Heribert Meurer, Rottweil 1995.

Ausst. Kat. Stuttgart 1985
Christus im Leiden. Kruzifixe. Passionsdarstellungen aus 800 Jahren. Württembergisches Landesmuseum Stuttgart in Verbindung mit der Diözese Rottenburg-Stuttgart 1985/1986. Stuttgart 1985.

Ausst. Kat. Ulm 1997
Hans Multscher. Bildhauer der Spätgotik. Eine Ausstellung des Ulmer Museums und des Württembergischen Landesmuseums Stuttgart im Ulmer Museum 7. September bis 7. November 1997. Ulm 1997.

Ausst. Kat. Ulm 2002
Spätgotik in Ulm. Michel Erhart und Jörg Syrlin d. Ä. Hgg. Brigitte Reinhardt – Stefan Roller. Ulm 2002.

Ausst. Kat. Ulm 2009
Daniel Mauch. Bildhauer im Zeitalter der Reformation, Katalog Ulmer Museum, Hg. Brigitte Reinhardt. Ostfildern 2009.

Baxandall 1984
Baxandall, Michael: Die Kunst der Bildschnitzer. Tilmann Riemenschneider, Veit Stoß und ihre Zeitgenossen. München 1984.

Belting 1981
Belting, Hans: Das Bild und sein Publikum im Mittelalter. Form und Funktion früher Bildtafeln der Passion. Berlin 1981.

Bergmann 1989
Bergmann, Ulrike: Schnütgen-Museum. Die Holzskulpturen des Mittelalters (1000–1400). Köln 1989.

Bergmann 1992
Bergmann, Ulrike: Die gotischen Reliquienbüsten in St. Kunibert, in: Colonia Romanica. Jahrbuch des Fördervereins Romanische Kirchen Köln e.V. 7, 1992, 131–146.

Beuckers 2008
Beuckers, Klaus Gereon: Individuelle Fürbitte. Spätgotische Reliquienbüsten als personales Gegenüber, in: Pro remedio et salute anime peragemus. Totengedenken am Frauenstift Essen im Mittelalter (Essener Forschungen zum Frauenstift, Bd. 6), Hg. Thomas Schilp. Essen 2008, 129–162.

Böhling 1937
Böhling, Luise: Die schwäbischen Werkstätten des Parallelfaltenstils, in: Jahrbuch der Preußischen Kunstsammlungen 58, 1937, 26–39 u. 137–152.

Braun 1943
Braun, Joseph: Tracht und Attribute der Heiligen in der deutschen Kunst. Stuttgart 1943.

Broschek 1973.
Broschek, Anja: Michel Erhart. Ein Beitrag zur schwäbischen Plastik der Spätgotik (Beiträge zur Kunstgeschichte 8). Berlin – New York 1973.

Büttner 1983
Büttner, Frank O.: Imago Pietatis. Motive der christlichen Ikonographie als Modelle zur Verähnlichung. Berlin 1983.

Deutsch 1963
Deutsch, Wolfgang: Die Konstanzer Bildschnitzer der Spätgotik und ihr Verhältnis zu Niklaus Gerhaert, in: Schriften des Vereins für Geschichte des Bodensees und seiner Umgebung 81, 1963, 11–129.

Deutsch 1964
Deutsch, Wolfgang: Die Konstanzer Bildschnitzer der Spätgotik und ihr Verhältnis zu Niklaus Gerhaert. II. Teil, in: Schriften des Vereins für Geschichte des Bodensees und seiner Umgebung 82, 1964, 1–113.

Deutsch 1977 (1984)
Deutsch, Wolfgang: Der ehemalige Hochaltar und das Chorgestühl, zur Syrlin- und zur Bildhauerfrage, in: 600 Jahre Ulmer Münster. Festschrift. Hgg. Hans Eugen Specker und Reinhard Wortmann (Forschungen zur Geschichte der Stadt Ulm 19, 1977). Ulm (2. Aufl.) 1984, 242–322.

Deutsch 1979
Deutsch, Wolfgang: Michel Erhart und sein Verhältnis zu Jörg Syrlin dem Älteren. Vervielfältigte Maschinenschrift. Schwäbisch Hall 1969. (Exemplar: Diözesanbibliothek Rottenburg Sign.: 21 B 83).

Deutsch 1985
Deutsch, Wolfgang: Ein Kruzifix in Weil der Stadt und andere Werke Michel Erharts, in: Heimatverein Weil der Stadt. Berichte und Mitteilungen 34, 1985, 2–31.

Dienst 2002
Dienst, Barbara: Der Kosmos des Peter Flötner. Eine Bildwelt der Renaissance in Deutschland. Berlin 2002.

Dienst 2004
Dienst, Barbara: Flötner, Peter, in: Saur, Allgemeines Künstler-Lexikon 41, München – Leipzig 2004, 281–284.

Dörfler-Dierken 1992
Dörfler-Dierken, Angelika: Die Verehrung der heiligen Anna in Spätmittelater und früher Neuzeit. Göttingen 1992.

Drake Boehm 1997
Drake Boehm, Barbara: Body-Part Reliquiaries. The State of Research, in: Gesta 36/1, 1997, 8–19.

Dussler 1973
Dussler, Hildebrand: Jörg Lederer. Ein Allgäuer Bildschnitzer der Spätgotik. Werkkatalog bearbeitet von Theodor Müller und Alfred Schädler. Kempten/Allgäu 1963.

Falk 1991/1993
Falk, Birgitta: Bildnisreliquiare. Zur Entstehung und Entwicklung der metallenen Kopf-, Büsten- und Halbfigurenreliquiare im Mittelalter, in: Aachener Kunstblätter 59, 1991/1993, 99–238.

Ferrari 2005
Ferrari, Michele C.: Gold und Asche. Reliquie und Reliquiare als Medien in Thiofrid von Echternachs Flores epytaphii sanctorum, in: Reliquiare im Mittelalter, (Hamburger Forschungen zur Kunstgeschichte, Bd. 5), hrsg. v. Bruno Reudenbach und Gia Toussaint. Berlin 2005, 61–74.

Fritz 1982
Fritz, Johann Michael: Goldschmiedekunst der Gotik in Mitteleuropa. München 1982.

Gatz 1996
Gatz, Erwin: Die Bischöfe des Heiligen Römischen Reiches 1448–1648. Hg. Erwin Gatz. Berlin 1996.

Geisberg 1974
Geisberg, Max: The German single-leaf woodcut: 1500–1550. Revised and edited by Walter L. Strauss. Bd. 1–4. New York 1974.

Göbel 1953
Göbel, Lore: Die Bildhauerwerkstätten der Spätgotik in Biberach an der Riss (Tübinger Forschungen zur Kunstgeschichte 7). Tübingen 1953.

Grimme 1972
Grimme, Ernst Günther: Der Aachener Domschatz (Aachener Kunstblätter, Bd. 42). Düsseldorf 1972.

Groß 1997
Groß, Sibylle: Hans Wydyz. Sein Oeuvre und die oberrheinische Bildschnitzkunst. Hildesheim – Zürich – New York 1997.

Guldan 1966
Guldan, Ernst: Eva und Maria. Eine Antithese als Bildmotiv. Graz – Köln 1966.

Hollstein 1998
Hollstein, F.W.H.: German engravings, etchings and woodcuts. Vol. 8. Amsterdam 1998.

Holzherr 1971
Holzherr, Gertrud: Die Darstellung des Marientodes im Spätmittelalter. Diss. Tübingen 1971.

Jopek 1988
Jopek, Norbert: Studien zur deutschen Alabasterplastik des 15. Jahrhunderts, (Manuskripte zur Kunstwissenschaft in der Wernerschen Verlagsgesellschaft 17). Worms 1988.

Kahsnitz 2005
Kahsnitz, Rainer: Die großen Schnitzaltäre. Spätgotik in Süddeutschland, Österreich, Südtirol. München 2005.

Kammel 2006
Kammel, Frank Matthias: Neues zum Memminger Bildschnitzer Hans Thoman – Die Rekonstruktion eines Meisterwerks, in: Kulturgut – Aus der Forschung des Germanischen Nationalmuseums, 3. Quartal 2006, Hf. 10, 8ff.

Kat. Böhler 1980
Böhler, Julius: Anläßlich des 100jährigen Bestehens. Deutsche Skulptur der Gotik. München 1980.

Kat. Mehringer 1980
A. Mehringer. Bedeutende Skulpturen. 10 Jahre Kunsthandel Pahl-Mehringer. Katalog. München 1980.

Kat. Mehringer 1985
Meisterwerke bei S. Mehringer. Bedeutende Skulpturen und Gemälde. München 1985.

Kat. Mehringer 1991
Meisterwerke bei S. Mehringer. Bedeutende Skulpturen und Gemälde. München 1991.

Kat. Neumeister 1990
Neumeister. Münchner Kunstauktionshaus. Auktion 255. München 1990.

Kat. Neumeister 1994
Neumeister. Münchner Kunstauktionshaus. Auktion 282 und Auktion 283. München 1994.

Kat. Pahl-Mehringer 1978
Bedeutende Skulpturen. München 1978.

Kat. Rottweil 1983
Stähle, Willi: Schwäbische Bildschnitzkunst I. Die Sammlung Dursch Rottweil (Veröffentlichungen des Stadtarchivs Rottweil 8). Rottweil 1983.

Kat. Rottweil 1986
Stähle, Willi: Schwäbische Bildschnitzkunst II. Die Sammlung Dursch Rottweil (Veröffentlichungen des Stadtarchivs Rottweil 10). Rottweil 1986.

Kat. Sotheby's 1979
Sotheby's. Kunstauktionshaus London. 29.03.1979.

Kat. Stuttgart 2007
Die mittelalterlichen Skulpturen 2. Stein- und Holzskulpturen 1400–1530. Ulm und südliches Schwaben. Text. Landesmuseum Württemberg. Ulm 2007.

Köpf 1997
Köpf, Ulrich: Passionsfrömmigkeit, in: Theologische Realenzyklopädie, Bd. 27. Berlin – New York 1997, 722–764.

Kollmann 1995
Kollmann, Annette: Untersuchungen zur Oberflächenbearbeitung und farbigen Gestaltung von süddeutschen Alabastersculpturen des 15. Jahrhunderts. Staatliche Akademie der Bildenden Künste Stuttgart. Diplomarbeit (Maschinenschrift). Stuttgart 1995.

Kollmann 2000
Kollmann, Annette: Technologische Studien zu Alabaster-Skulpturen des 15. Jahrhunderts aus Württembergisch Franken, in: Unter der Lupe. Neue Forschungen zu Skulptur und Malerei des Hoch- und Spätmittelalters. Festschrift für Hans Westhoff zum 60. Geburtstag. Hgg. Anna Moraht-Fromm und Gerhard Weilandt. Stuttgart 2000, 161–183.

Kovács 1964
Kovács, Eva: Kopfreliquiare des Mittelalters. Leipzig 1964.

Krone-Balcke 1999
Krone-Balcke, Ulrike: Der Kefermarkter Altar. Sein Meister und seine Werkstatt (Kunstwissenschaftliche Studien 78). München 1999.

Künstle
Künstle, Karl: Ikonographie der christlichen Kunst. II: Ikonographie der Heiligen. Freiburg i. Br. 1926.

Lange 1897
Lange, Konrad: Peter Flötner. Ein Bahnbrecher der deutschen Renaissance. Berlin 1897.

LCI
Lexikon der christlichen Ikonographie, Hgg. Engelbert Kirschbaum und Wolfgang Braunfels, 8 Bde., Basel/Freiburg im Breisgau/Rom/Wien 1968–1976.

Lehrs
Lehrs, Max: Geschichte und kritischer Katalog des deutschen, niederländischen und französischen Kupferstichs im 15. Jahrhundert, Band 2: Meister E. S. Text und Tafelband. Wien 1910.

Meurer 1982
Meurer, Heribert: Ein Palmesel von Jörg Lederer, in: Heilige Kunst 21, 1982–1983, 24–31.

Meurer 1985
Meurer, Heribert: Christus im Leiden, in: Weltkunst 55, 1985, 3544-3546.

Miller 1969
Miller, Albrecht: Allgäuer Bildschnitzer der Spätgotik. Kempten/Allgäu 1969.

Miller 1971
Miller, Albrecht: Der Kaufbeurer Altar des Michel Erhart, in: Münchner Jahrbuch der bildenden Kunst, 3. Folge 22, 1971, 46–62.

Miller 1975
Miller, Albrecht: Nachträge zum Werk des Jörg Lederer, in: Der Schlern 49, 1975, 270–280.

Miller 1981
Miller, Albrecht: Ein Schmerzensmann von Michel Erhart, in: Weltkunst 13, 1981, 1956–1958.

Miller 2002
Miller, Albrecht u. a.: Erhart, Michel, in: Saur, Allgemeines Künstler-Lexikon 34, München – Leipzig 2002, 333–335.

Miller 2004
Miller, Albrecht: Jörg Stein, der Meister von Tiefenbronn, in: Münchner Jahrbuch der bildenden Kunst, 3. Folge 55, 2004, 33–72.

Minkenberg o. J. [2006]
Minkenberg, Georg: Domschatzkammer Aachen. Die Büste Karls des Großen im Aachener Domschatz, (Vernissage Meisterwerke). Heidelberg o. J. [2006].

Müller 1954
Müller, Theodor: A Venetian Altarpiece in Hartford, in: The Art Quarterly 17, 1954, 365–370.

Osten 1933
Osten, Gert von der: Der Schmerzensmann. Typengeschichte eines deutschen Andachtsbildwerkes von 1300 bis 1600. Diss. Universität Halle-Wittenberg 1933.

Osten 1935
Osten, Gert von der: Der Schmerzensmann. Typengeschichte eines deutschen Andachtsbildwerkes von 1300 bis 1600 (Forschungen zur deutschen Kunstgeschichte 7). Berlin 1935.

Otto 1927
Otto, Gertrud: Die Ulmer Plastik der Spätgotik. Reutlingen 1927.

Otto 1940
Otto, Gertrud: Die Reliefs am Chorgestühl der Frari-Kirche in Venedig. Das Werk eines Deutschen, in: Mitteilungen des Kunsthistorischen Institutes in Florenz 5, 1937–1940, 173–182.

Otto 1952/1953
Otto, Gertrud: Der Bildhauer Michael Zeynsler, in: Memminger Geschichtsblätter 1952/53, 6–10.

Otto 1965
Otto, Gertrud: Der Memminger Bildhauer Hans Thoman, in: Memminger Geschichtsblätter. Zeitschrift der Heimatpflege Memmingen e. V., 1965.

Panofsky 1927
Panofsky, Erwin: „Imago Pietatis". Ein Beitrag zur Typengeschichte des „Schmerzensmanns" und der „Maria Mediatrix" (1927), in: ders., Deutschsprachige Aufsätze I. Hgg. von Karen Michels und Martin Warnke (Studien aus dem Warburg-Haus 1). Berlin 1998.

Panofsky 1977
Panofsky, Erwin: Das Leben und die Kunst Albrecht Dürers. München 1977

Rasch 1999
Rasch, Gabriele: Die „Madonna Böhler". Ihre stilistische und zeitliche Einordnung in das Spätwerk Hans Holbeins des Älteren. Berlin 1999.

Rasmo 1969
Rasmo, Nicolò: Michael Pacher. München 1969.

Recht 1987
Recht, Roland: Nicolas de Leyde et la sculpture à Strasbourg (1460–1525). Straßburg 1987.

Reudenbach 2001
Reudenbach, Bruno: Reliquiare als Heiligkeitsbeweis und Echtheitszeugnis. Grundzüge einer problematischen Gattung, in: Vorträge aus dem Warburg-Haus, Bd. 4, Berlin 2000, 1–36.

Roller 1999
Roller, Stefan: Nürnberger Bildhauerkunst der Spätgotik. Beiträge zur Skulptur der Reichsstadt in der zweiten Hälfte des 15. Jahrhunderts. Berlin 1999.

Rundel 1990
Rundel, Otto: Johann Baptist Hirscher (1788-1865) und seine Kunstsammlung, in: Zeitschrift für württembergische Landesgeschichte 49, 1990, 295-319.

Saur
Saur: Allgemeines Künstlerlexikon. Bd. 1ff. München 1992.

Schädler 1964
Schädler, Alfred: Das Werk des „Meisters von Ottobeuren", in: Ottobeuren 764–1964. Beiträge zur Geschichte der Abtei (Sonderband der „Studien und Mitteilungen des Benediktinerordens und seiner Zweige" 73). Augsburg 1964, 136–168.

Schindler 1981
Schindler, Herbert: Der Meister H. L. = Hans Loy? Werk und Wiederentdeckung. Königstein im Taunus 1981.

Schindler 1989
Schindler, Herbert: Meisterwerke der Spätgotik. Berühmte Schnitzaltäre. Regensburg 1989.

Schmidt 1980
Schmidt, Leopold: „Sankt Joseph kocht ein Müselein". Zur Kindlbreiszene in der Weihnachtskunst des Mittelalters, in: Europäische Sachkultur des Mittelalters. Gedenkschrift aus Anlass des zehnjährigen Bestehens des Instituts für mittelalterliche Realienkunde Österreichs (Veröffentlichungen des Instituts für mittelalterliche Realienkunde Österreichs 4). Wien 1980, 143–166.

Schmoll gen. Eisenwerth 1958
Schmoll gen. Eisenwerth, J. A.: Zum Werk des „Straßburger Frari-Meisters von 1468", in: Annales Universitatis Saraviensis 7, 1958, 265–278.

Schreiner 1971
Schreiner, Klaus: „…wie Maria geleicht einem puch". Beiträge zur Buchmetaphorik des hohen und späten Mittelalters, in: Archiv für Geschichte des Buchwesens 11, 1971, 1437–1464.

Schreiner 1993
Schreiner, Klaus: Der Tod Marias als Inbegriff christlichen Sterbens. Sterbekunst im Spiegel mittelalterlicher Legendenbildung, in: Tod im Mittelalter, Hgg. Arno Borst u. a., Konstanz 1993, 261–312.

Schreiner 1994
Schreiner, Klaus: Maria. Jungfrau – Mutter – Herrscherin. München 1994.

Schroth 1960
Schroth, Ingeborg: Die Herkunft des Meisters H. L., in: Kunstchronik 13, 1960, 283f.

Schulze-Senger / Hansmann 2005
Schulze-Senger, Christa und Hansmann, Wilfried: Der Clarenaltar im Kölner Dom. Dokumentation der Untersuchung, Konservierung und Restaurierung, (Arbeitsheft der rheinischen Denkmalpflege 64). Worms 2005, 129–144.

Söding 2002
Söding, Ulrich: Nikolaus Gerhaert von Leyden. Bildwerke der Spätgotik am Oberrhein und in Österreich, in: Habsburg und der Oberrhein. Gesellschaftlicher Wandel und historischer Raum. Hgg. Saskia Durian-Ress – Heribert Smolinsky. Freiburg i. Br. 2002, 33–55, Tafeln 235–255.

Söding 2007
Söding, Ulrich: „Austria iam genuit qui sic opus edidit". Bildhauer und Bildschnitzer der Spätgotik als „Wanderkünstler" in Italien, in: Myssok, Johannes – Wiener, Jürgen (Hgg.): Docta manus. Studien zur italienischen Skulptur für Joachim Poeschke. Münster 2007, 167–182.

Souchal 1966
Souchal, François: Les bustes reliquiaires et la sculpture, in: Gazette des Beaux-Arts 67, 1966, 205–216.

Tischendorf 1966
Von Tischendorf, Konstantin (Hg.): Apocalypses apocryphae. Hildesheim 1966 (Nachdruck der Ausgabe Leipzig 1866).

Tripps J. 2000
Tripps, Johannes: Das handelnde Bildwerk in der Gotik. Forschungen zu den Bedeutungsschichten und der Funktion des Kirchengebäudes und seiner Ausstattung in der Hoch- und Spätgotik. Berlin (2. Aufl.) 2000.

Tripps M. 1969
Tripps, Manfred: Hans Multscher. Seine Ulmer Schaffenszeit 1427 bis 1467. Weißenhorn 1969.

Urban 1991
Urban, Wolfgang: Die Farbe des Todes und die Farbe des Lebens. Zum frömmigkeitsgeschichtlichen Hintergrund der spätmittelalterlichen Kreuzigungsgruppe von Weil der Stadt, in: Heimatverein Weil der Stadt. Berichte und Mitteilungen 40/1, 1991, 16–18.

Urban 1999
Urban, Wolfgang: „Schön bist du, meine Freundin, ja schön". Zu den theologischen Dimensionen der „Stuppacher Madonna", in: Groß, Werner – Urban, Wolfgang (Hgg.) Wunderschön prächtige. Die Stuppacher Madonna zu Gast im Diözesanmuseum Rottenburg. Ulm 1999, 43–59.

Wagini 1995
Wagini, Susanne: Der Ulmer Bildschnitzer Daniel Mauch (1477–1540). Leben und Werk, (Forschungen zur Geschichte der Stadt Ulm 24). Stuttgart 1995.

Weinberger 1927
Weinberger, Martin: Der Meister der Biberacher Sippe, in: Münchner Jahrbuch der Bildenden Kunst 4, 1927, 23–28 mit Zusatz S. 178.

Wilm 1942
Wilm, Hubert: Die gotische Holzfigur. Ihr Wesen und ihre Entstehung, 2. Aufl., Stuttgart 1942.

Zimmermann 1979
Zimmermann, Eva: Zur Rekonstruktion des Wangener Altares von Hans Thoman, in: Jahrbuch der Staatlichen Kunstsammlungen in Baden-Württemberg 16, 1979, 47–64.